経済法令研究会　編

はしがき

　国内における事業所数は年々減少傾向にあります。これまで地域経済を支えてきた事業者が地域から失われることによって、雇用が失われ、地域経済の縮小や人口流出などの影響が出てきます。このような現状を受けて、近年、国をあげて創業者を増やそうとする機運が高まっており、金融機関の役割として、創業者の支援は地域との絆を深めるとともに、地域経済を活性化させることにつながります。

　本書は、金融機関の行職員の中でも、特に渉外担当者に向けて、創業支援の重要性および実践手法を解説した書籍です。第1章・第2章での「なぜ金融機関は創業支援を行うのか」「創業ニーズの見つけ方」における創業の基本知識に始まり、第3章では渉外担当者に求められる「事業計画書の作成の仕方・読み方」を解説しています。さらに、第4章では「創業サポートとフォローアップ」として、実際の創業事例に関する金融機関の支援の取組みを紹介することで、より実務的な内容を充実させています。

　制作に際しては、金融機関で創業支援に携わっている方々およびその経験のある方にご執筆をいただきました。

　本書は「地域活性化のための金融実務がよくわかるシリーズ」として発刊しています。地域活性化への貢献は、地域金融機関に課せられた重大な使命です。また、地域の発展は、金融機関自身の収益の源泉として決して欠かすことのできない目標でもあります。

　本書が創業支援に携わる方の一助となり、お客様と金融機関の発展に役立つこととなればこれにまさる喜びはありません。

2016年8月

経済法令研究会

CONTENTS

第1章 なぜ金融機関は創業支援を行うのか

- ●第1節 地域の絆づくりから創業支援へ……………………………… 2
- ●第2節 創業の増加による地域の活性化と雇用創出……………… 7
- ●第3節 創業支援、第二創業支援事業の内容………………………… 12
- ●第4節 バンカーとしてのやりがい…………………………………… 22

第2章 地域の創業・第二創業ニーズの見つけ方

- ●第1節 ニーズをキャッチするには…………………………………… 24
- ●第2節 窓口からのトスアップ………………………………………… 37

第3章　事業計画書の作成の仕方・読み方

- 第1節　創業のための事業計画書の重要性 ……………………… 52
- 第2節　目的に応じた事業計画書の作成 ………………………… 54
- 第3節　事業計画書の構成内容と留意点 ………………………… 57
- 第4節　事業計画書の作成準備と手順 …………………………… 64
- 第5節　事業計画書・各項目の記載方法 ………………………… 68
- 第6節　収支計画（数値計画）の作成 …………………………… 76
- 第7節　資金計画の作り方 ………………………………………… 87
- 第8節　第二創業の事業計画書作成 ……………………………… 94
- 第9節　業種別事業計画書の事例 ………………………………… 98
- 第10節　事業計画書の改善案とフォローアップ ………………… 108

第4章　創業サポートとフォローアップ

- 第1節　創業サポートへの取組み ………………………………… 114
- 第2節　シニア専門写真館の創業事例 …………………………… 118
- 第3節　小学校低学年向け学習塾の創業事例 …………………… 136
- 第4節　子育て世帯専門不動産の創業事例 ……………………… 141
- 第5節　女性の創業事例 …………………………………………… 146
- 第6節　シニアの創業事例 ………………………………………… 151
- 第7節　第二創業の事例 …………………………………………… 154
- 第8節　創業前段階の相談事例 …………………………………… 162
- 第9節　地域金融機関と創業サポート …………………………… 166

本書の内容に関する訂正等の情報
　本書は内容につき精査のうえ発行しておりますが、発行後に訂正（誤記の修正）等の必要が生じた場合には、当社ホームページ（http://www.khk.co.jp/）に掲載いたします。

第1章
なぜ金融機関は創業支援を行うのか

第1節　地域の絆づくりから創業支援へ
第2節　創業の増加による地域の活性化と雇用創出
第3節　創業支援、第二創業支援事業の内容
第4節　バンカーとしてのやりがい

第1節
地域の絆づくりから創業支援へ

　地域を活性化させるためには、地域における創業や第二創業を支援し、新たなビジネスや雇用を創出していくことが重要とされています。第1節では、金融機関がどのようにして地域の絆づくりから創業を支援していくかを学びましょう。

01　事業所数の減少

　金融機関は地域の個人や企業との融資や預金などの取引、その他のサービスを提供することで収益を上げていることは、ご存じのところだと思います。しかしながら、日本国内の事業所数は、高度経済成長期を経て一貫して増加傾向にありましたが、1989年に662万事業所とピークを迎えた後、企業が競争力を維持するために、生産拠点の一部を海外に移転したことや、国内の少子化や高齢化が進んでいることなどの理由により、減少傾向にあります。

　金融機関にとって、地域において企業が減ることは、存続基盤を失うことにつながります。特に、地域金融機関は地域に根ざした営業を行っており、地域が衰退することは金融機関自体の事業規模縮小に直結しているといっても過言ではありません。

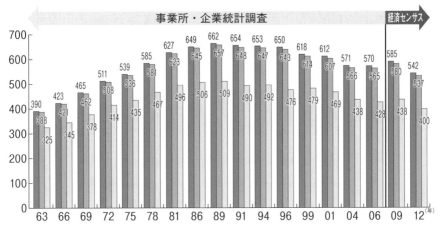

図表1-1 我が国の事業所数の推移

（注）2012年の数値より、中小企業および小規模事業者の事業所数に政令特例業種を反映している。
出所：2015年版中小企業白書

02 国の動き

　国の動きとして、2014年12月27日に閣議決定された「まち・ひと・しごと創生総合戦略」において、地域を活性化させるためには、地域における創業（起業）や第二創業を支援し、新たなビジネスや雇用を創出していくことが重要とされています。また、金融面については、創業希望者、とりわけ新しいタイプの事業などリスクの観点から官の補完的役割が必要なケースについては、日本政策金融公庫等による融資や民間金融機関との協調融資を通じて官民の適切なリスク分担を図る、として金融機関に対して創業支援への後押しを呼び掛けています。

　さらに、2015年12月24日に閣議決定された「まち・ひと・しごと創生総合戦略（2015改訂版）」では、重要業績評価指標（KPI＝Key Performance

Indicator）の1つとして、国際的にみても開業率が低いという現状を打破するため、「開業率が廃業率を上回る状態にし、米国・英国レベルの開業率・廃業率10％台を目指す」と具体的な成果目標が設定されました。なお、この開業率や廃業率は国によって統計の性質が異なるため、単純な比較ができない点に留意が必要なものの、この成果目標を達成するためには、年間の創業者数を倍増させる必要があります。したがって、政府系金融機関も含め金融機関に課せられた使命は大変大きいものとなっています。

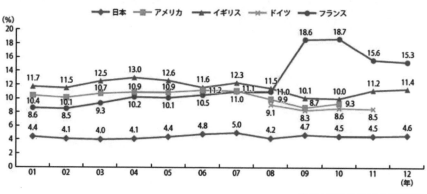

図表1－2　各国の開業率

出所：2014年版中小企業白書

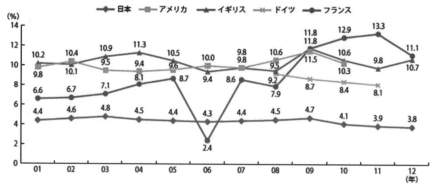

図表1－3　各国の廃業率

出所：2014年版中小企業白書

03 開業率と地域の活性化

(1) 開業率

　統計上、開業率とは1年間に開業した企業数・事業所数が既存の会社を含めた企業数・事業所数全体に占める割合をいいます。日本は諸外国に比べ企業数・事業所数が圧倒的に多いことや、長寿企業も多いため、相対的に開業率が低くなる傾向にあるともいわれています。しかしながら、開業率が低いということは、時代のニーズに即した企業や産業が生まれてこないという側面もあり、産業の発展には相当数の創業による新陳代謝が必要となってきます。諸外国に比べて開業率が低い要因を少し補足すると、ある調査によれば、日本は諸外国に比べて自営業（雇用主）になりたいと考える人の割合が小さい、創業者との接点が少ない、などといった結果が出ています。長い目で見ると、開業率を伸ばすためには、こういった意識や環境を官民一体となって変化させていくことも重要です。

(2) 金融機関の存在感

　経済が成長している時代では、高成長の波に乗ることで、事業を興してもある程度の仕事の確保を見込むことができるかもしれません。一方で、現在のように経済が安定期に入っており、モノやサービスがあふれているような環境においては、すでに存在するモノやサービスとの差別化を図らなければ、事業が成功しない可能性が高くなっています。そのため、金融機関をはじめとした創業支援機関が果たすべき、目利き力や事業性の評価といった役割は非常に重要となってきます。

　近年では、インターネットの普及や通信環境の整備などによって、パソコン1台あれば、世界を相手に事業を始めることができる領域も広がって

います。特にIT関連分野などにおいて、これまで大都市でしか行うことができなかった事業も地方にいながらできるようになっています。

　また、都会での生活に見切りをつけ、自然豊かな地方へ移住し、自身が思い描いていた事業で創業するといった事例も、徐々にではありますが増えてきています。

　さらに、特に人口が減少している地域においては、地域の困りごとを解決することを目的とした事業で創業する事例も増えてきています。こういった事業は、地域に密着しており、かつ事業規模も比較的小さいため、必ずしも飛躍的な成長を求めていないことや、事業の収益性も高くないケースもありますが、地域になくてはならない存在となる可能性を秘めています。

　これまで地域になかった独創的な事業での創業も増えてきていますが、こういった事業を金融面でサポートすることによって、金融機関は存在感を発揮することができます。金融面以外でも創業相談会や相談窓口の設置、創業者向けセミナーや創業塾の開催などを通じて、地域における創業機運の盛り上げにも一役買うこともできます。こういった取組みにより、地域の活性化や地域の絆を深めることに貢献できるのではないでしょうか。

第2節
創業の増加による地域の活性化と雇用創出

金融機関担当者は実際に自身で創業した経験はないと思われますので、現在の日本において創業がどのような環境にあるのかを、各種データをもとに見ていき、創業者に対する心構えを考えてみましょう。

01 創業の担い手

　第1節の冒頭でも述べた通り、国内における事業所数は年々減少傾向にあります。これまで地域経済を支えてきた事業者が地域から失われることによって、地域経済が縮小するのはもちろんのこと、雇用やにぎわいが失われるなどの影響が出てきます。

　そういった状況において、創業は産業の新陳代謝を促し、地域経済を活性化させることにつながります。

　近年、国をあげて創業者を増やそうとする機運が高まっていますが、そもそも、創業を志している人や、創業者数は減っているのでしょうか。2014年版中小企業白書によれば、「創業家数」は約30年間において、大きくは変動しておらず、概ね25万人前後で推移しています。一方で、創業を希望している「創業希望者」は1997年以降減少傾向にあり、2007年および2012年には激減している状況が見受けられます。

この結果を見ると、創業希望者をいかに増やすか、創業希望者をいかに実際に創業段階までステップアップさせるか、ということが喫緊の課題であり、金融機関としても力を貸せることがあります。

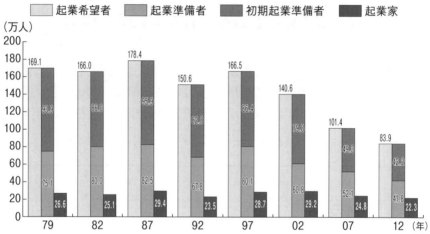

(注) 1.「起業希望者」とは、有業者の転職希望者のうち、「自分で事業を起こしたい」、または、無業者のうち、「自分で事業を起こしたい」と回答した者をいう。
2.「起業準備者」とは、起業希望者のうち、「(仕事を) 探している」、または、「開業の準備をしている」と回答した者をいう。
3.「初期起業準備者」とは、起業希望者のうち起業準備者ではない者をいう。
4.「起業家」とは、過去1年間に職を変えたまたは新たに職についた者のうち、現在は自営業主 (内職者を除く) となっている者をいう。

出所：2014年版中小企業白書を元に作成

02 創業希望者が感じる不安材料

創業を考えていても、実際に創業に踏み切ることができない要因はどこにあるのでしょうか。実際に創業した人が創業前に感じていた不安材料は、次のような声が聞かれます。

- 収入の減少、生活の不安定化
- 事業の成否
- 社会保障（医療保険、年金等）
- 自分の健康や気力の維持
- 自分の能力・知識・経験のなさ
- 事業に失敗した時の負債の返済（借入金の返済、個人保証）

　こういった不安を取り除いていくことができれば、創業件数も増えていくことが期待できます。

03　創業に至る過程での課題

　創業を志している人たちは、創業に至る過程でどのような課題を抱えているのかを見てみましょう。

　まず、「起業準備者」（起業希望者のうち、「（仕事を）探している」または「開業の準備をしている」者）が抱えている課題を見てみるとトップ３は下記の順となっています。

- 経営知識一般（財務・会計を含む）
- 事業に必要な専門知識・技術の習得
- 資金調達

　次に、実際に創業した人は、創業時にどのような課題に直面していたのでしょうか。創業時に抱えていた課題を見てみるとトップ３は下記の順となっています。

- 経営知識一般（財務・会計を含む）の習得
- 販売先の確保
- 資金調達

　これらの課題は、金融機関の持つコンサルティング能力の発揮や、取引先を紹介するビジネスマッチング、資金調達支援によって解決できるものも多く含まれていると思われ、やはり創業に金融機関が果たすことができ

る役割は小さくないのではないでしょうか。

04 創業者の相談相手

　それでは、創業を考えている人たちは、実際に創業の過程で何か困ったことがある場合に、誰を頼りにしているのでしょうか。

　これについては、非常に残念な結果が出ています。実際に創業した人のうち、約26％の人が創業するのを断念しようとした経験を持っています。なかでも、創業を断念しようとした経験を持つ人のうち、約43％の人が相談相手はいなかったという結果でした。相談相手がいた人でも、その相談相手は「家族・親戚」「知人・友人」が50％以上を占めており、民間金融機関に相談したという人の割合はたったの0.8％という結果となっています。

　創業者の多くが創業に至るときに抱えていた課題のうち、財務・会計といった経営知識一般、販売先の確保、資金調達といったものについては、金融機関で解決できる可能性があるにもかかわらず、金融機関に相談しないということは、創業希望者の立場に立ってみると、金融機関が非常に敷居の高い存在として映っているということなのでしょう。金融機関も資金的な支援だけではなく、創業者が抱えている課題や悩みをこれまで以上に気軽に受ける体制を構築し、そのことを幅広くPRすることで、創業者をより多く支援することにつながります。それを積み重ねることにより、将来的に成長の可能性を秘めた創業者の囲い込みができ、金融機関の存在基盤となる融資先の確保につながるのではないでしょうか。

05 雇用の創出

　雇用の側面から見ると、地域において企業がなくなるということは、地

域で働く場所がなくなるということです。地域に魅力のある企業がなくなれば、地域から人口（特に生産年齢人口といわれる15歳以上65歳未満）が流出することにつながります。とりわけ、20歳代から30歳代の働き盛りの世代は出産・子育てをする年代と重なり、こういった世代の人口が減ることで、出生数も減少し、地域における人口減少に拍車がかかることになります。

現在、進学を契機に東京を中心とした都市圏へ転出する若者も多く、この年代における地方から都市圏への人口流出に歯止めがかかっていません。都市圏へ進学した学生は、出身地に魅力を感じる就職先がなければ、そのまま都市圏の企業に就職することも多く、地域企業が新卒者を採用する機会の減少につながっており、若者を採用したくても求人に苦労している企業も多く見受けられます。

そういった観点から、特に地方においては、都市圏にはない、地方ならではの地域の特色を活かした、やりがいのある事業を興し続けることで、若者の魅力を惹きつけることも重要です。

一朝一夕にはいきませんが、官民一体となって地域の雇用を守っていくことも金融機関の役割であることを頭に入れておく必要があります。

第3節
創業支援、第二創業支援事業の内容

年々、金融機関における創業者に対する融資実績は伸びてきており、創業者に接する機会も増えてきています。ここでは創業支援、第二創業支援事業について学び、創業者への知識を深めましょう。

01 創業者への対応

　地域密着型金融の創業支援に対する取組みは増えてはいます。一方で、金融機関担当者が、まだまだ創業者への対応に慣れていないという声も聞かれます。それはなぜでしょうか。1つには、既存の取引先と接する機会に比べ、創業者に対応する機会が絶対的に少なく、金融機関担当者に創業者への対応に関するノウハウが蓄積されていないことがあげられます。

　加えて、既存の取引先であれば、事業者自身が自社のビジネスを熟知しているのに対し、創業者（特に新たに何かビジネスを始めたいと考えている段階）の場合、始めたい事業は何となく本人の頭の中にはあるものの、それを整理し体系立てて事業計画書や収支計画書といった書面に落とし込むことが非常に難しいケースも多く見受けられます。

　金融機関担当者にとっては、これらの書面は普段から見慣れているかもしれませんが、大半の創業者にとってみれば、これらの書面の作成は初めての経験であり、金融機関担当者が多岐にわたってアドバイスすることも

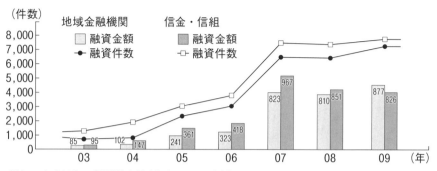

図表1-5 地域密着型金融の創業支援取組み状況

(注) 06年度以前は「創業等支援融資商品による融資」。07年度以降は専用の融資商品の実績だけでなく、通常の融資による支援実績も含めて計上しているため、過年度の実績とは単純に比較できない。
出所:「平成21年度における地域密着型金融の取組み状況について」を元に作成

多くあります。

そういったアドバイスには、時間がかかることも多いとは思われますが、可能な限り親身になり、できるだけ平易な言葉を使って説明することが大切です。

02 事業計画の重要性

相談を受けた際には、まずは正確な事業計画を作り上げることが重要であり、事業計画を策定するにあたっては、どのようなことを聞き出す必要があるかを金融機関側も準備しておくことが肝要です。特に金融機関担当者は、創業者に対して融資をすることが念頭にあるケースが多いと思われます。創業者に対して初めて融資をする際には、既存の融資取引のある企業に対する融資に比べて調査をする項目も多くなるため、創業者から必要なことを漏れなくヒアリングするために、ヒアリング事項を体系立てておくとよいでしょう。

なお、事業計画書の作成の仕方・読み方の詳しい方法については、第3

章に記載していますので、そちらをご覧ください。

　金融機関によっては、創業者向けのガイドブックなどを用意しており、創業者がガイドブックを一通り読むことで、創業者が独力で簡易的な事業計画書まで作成することができるように工夫しているところもあります。

● 図表１－６　創業者向けのガイドブック ●

出所：中国銀行ホームページより

03　創業者への支援について

　新規で創業される方は、既存の取引先に比べ、決算書等で入手できる財務データをはじめとした情報が限られています。また、ビジネスモデルも新規性や独自性が強いものが多く、実際に事業がうまくいくか、融資をした資金を滞りなく返済を受けることができるか、判断が難しいケースも多くあります。

　そのため、早い段階からビジネスモデルの強み・弱みを創業者に寄り添って評価することが重要であり、金融機関担当者もこういった経験を積むことで、バンカーとしてのスキルを磨くことができます。

第2節で述べた通り、創業者は事業立ち上げの際に何をすればよいか、事業がうまくいくかどうかといった不安を多く抱えています。金融機関担当者がその気持ちに応え、創業者と一緒になって汗をかき、1つひとつ不安を取り除くことができれば、創業者は事業の立ち上げを支援してくれたという実感を創業後も忘れることはないでしょう。また、事業立ち上げ時に築いた信頼関係は簡単に崩れることはなく、その事業者と良好な取引を継続することができます。

04 資金調達について

実際に、創業希望者から資金調達の相談を受けた場合、創業者から提出を受けた（または創業者と金融機関担当者が一緒に作成した）事業計画書やヒアリングをもとに融資の可否を検討します。自金融機関のみで創業者から申出のあった金額の全額を融資できることに越したことはありませんが、案件によっては、自金融機関のみでは創業予定者の申出通りに融資ができないケースもあります。そういった場合は、補助金の活用や、他金融機関との協調融資などによって資金調達ができないかを検討してみます。

（1）補助金の活用

国をあげて創業者を支援している環境を踏まえ、国や一部の自治体において創業予定者に対して補助金を交付しています。要件や補助額等については、公募する団体によって異なりますが、一般的に次のような制約があります。

- 申請できる時期が限られている
- 補助対象となるには、審査で採択される必要がある（すべての案件が採択されるわけではない）

こういった制約はありますが、採択されれば、創業予定者にとって返済

不要な資金は大変心強く、金融機関にとっても、返済不要の資金があることで、融資をしやすくなるという効果も期待できるため、有効に活用しましょう。

なお、創業に関するもの以外も含めて、次のサイトにて補助金等の情報を入手することができますので、活用してください。

「ミラサポ」（アドレス）https://www.mirasapo.jp/
「J-Net21」（アドレス）http://j-net21.smrj.go.jp/index.html

（2）日本政策金融公庫との協調

政府100％出資の政策金融機関である日本政策金融公庫（以下、「日本公庫」という）は、多くの民間金融機関と業務提携しています。2015年９月末現在で全金融機関の約９割となる433金融機関（都市銀行１、地方銀行

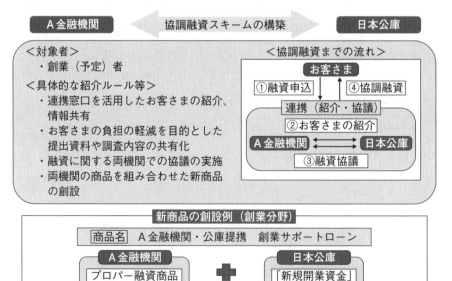

● 図表１－７　協調融資スキームの例（創業分野）●

出所：日本政策金融公庫ホームページ

56、第二地方銀行39、信用金庫254、信用組合79、その他4)と協調融資のスキームを構築しており、創業予定者に対して両者が協調して資金提供することで、創業予定者の希望する資金調達額に近づける可能性があります。

また、民間金融機関と日本公庫が共同して創業者向けセミナーや創業相談会の開催により、両者がしっかりと連携して創業者を支援している事例もあります。

(3) クラウドファンディングの活用

近時、新たな資金調達手法としてインターネットを利用して不特定多数の個人から資金を調達する、クラウドファンディング(「crowd＝群衆」「funding＝資金調達」を組み合わせた造語)が注目されており、金融機関によってはクラウドファンディング仲介事業者と業務提携を締結しているところもあります。

クラウドファンディングは、資金提供者に対するリターン(リワード)の形態により、「寄付型」「購入型」「投資型」などの種類に分けられます。各タイプの大まかな特徴は次の通りです。

● 図表1－8　クラウドファンディングの形態と特徴 ●

形　態	特　徴	運営事業者例
寄付型	資金提供に対するリターンはない	ジャパンギビング
購入型	資金提供額に応じてモノやサービスを受け取る	レディーフォー
投資型	資金提供(≒出資)額に応じて分配(モノやサービスの場合が多い)を受け取る	ミュージックセキュリティーズ

クラウドファンディングについての大まかな仕組みは図表1－9の通りです。詳しい仕組みや法的な性質については、ここでは割愛します。クラウドファンディングについて詳しく知りたい方は次のホームページや、事

業運営事業者のホームページを参照してください。

「ふるさと投資」の手引き（「ふるさと投資連絡会議」2015年5月）

http://www.kantei.go.jp/jp/singi/tiiki/tiikisaisei/furusato/kaigi/tebiki_honnpen.pdf

● 図表1-9　クラウドファンディングの仕組み ●

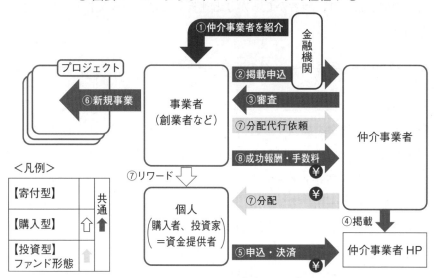

① 金融機関が提携しているクラウドファンディング仲介事業者を創業希望者に紹介
② 資金を調達したい人が仲介事業者にウェブ上での掲載を申込
③ 仲介事業者が、プロジェクトの共感度の強さやリターンの確実性等を審査
④ 審査を通過したプロジェクトをウェブ上で掲載
⑤ 不特定多数の個人がウェブ上で、共感し、リターンやリワードに満足したプロジェクトへの資金提供を申込み、振込やクレジット決済により資金を提供
⑥ 資金調達者は提供された資金を活用して、プロジェクトを実行
⑦ プロジェクト実行後に、資金提供者に対してリワードを送付や事業の実績に応じた金銭分配
⑧ 仲介事業者は、システム利用料や、資金調達額に応じた成功報酬を受け取るのが通例

出所：ふるさと投資連絡会議「ふるさと投資の手引き」を元に作成

（4）自治体による支援

2014年1月20日に施行された「産業競争力強化法」により、地域の創業を促進させるため、市区町村が民間の創業支援事業者（地域金融機関、商

工会議所・商工会、NPO法人等）と連携して、ワンストップ相談窓口の設置、創業セミナーや創業塾の開催等の創業支援を実施する「創業支援事業計画」を作成し、その計画を国が認定するとともに、国も関係省庁と連携して地域における創業を促進サポートする仕組みが始まっています。2016年5月末時点で1,022件（1,158市区町村）の創業支援事業計画が国に認定されています。

05 支援機関の連携

また、2014年11月に施行された「まち・ひと・しごと創生法」により、都道府県および市区町村においても地方版の総合戦略（以下、「地方版総合戦略」という）を策定するよう努めなくてはならないこととされています。2016年3月末までにすべての都道府県と、ほぼすべての市区町村において地方版総合戦略の策定が完了しています。その中で、大半の自治体が地域における創業者の増加をその戦略の目標の1つに掲げています。

こういった状況を踏まえると、自治体も地方創生や地域活性化の観点から、地域で創業者を増やしていきたいという強い意気込みを感じるところです。一方で、自治体独自で直接的に創業者に支援できることは、創業者向けの補助金の創設や創業相談など限りがあります。また、専門人材も金融機関等に比べると少ないケースがほとんどであり、地域で創業者を増やしていくためには、自治体と金融機関を中心とした支援機関がしっかりと連携し、各々に課された役割をしっかりと果たしていくことが重要です。

06 第二創業について

次に第二創業について触れておきます。第二創業とは、「すでに事業を営んでいる中小企業者または特定非営利活動法人において後継者が先代か

ら事業を引き継いだ場合に業態転換や新事業・新分野に進出するもの」(平成28年度「創業・第二創業促進補助金」募集要項から抜粋)とされています。ただし、広い意味では、事業を引き継ぐタイミング以外でも、業態転換や新事業・新分野に進出することを第二創業と呼ぶ場合もあります。

企業は大まかなイメージとして、創業期～新興期～成長期～成熟期～成長鈍化期～衰退期といったライフステージをたどっていきます。

● 図表1-10　企業のライフステージ(イメージ) ●

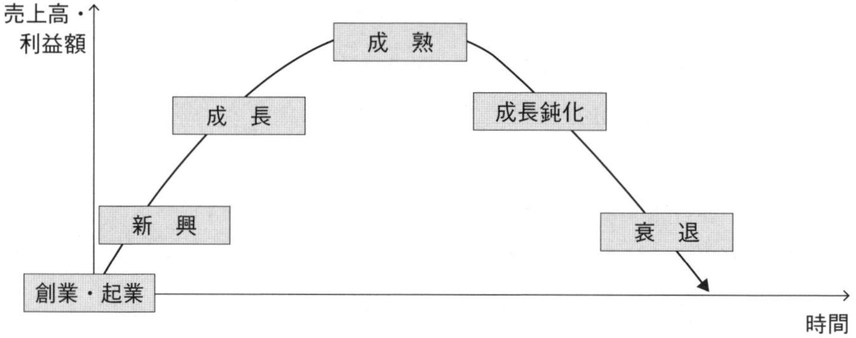

出所:内閣府ホームページ資料を元に作成

企業が生き残るためには、成熟期～成長鈍化期といったステージに差し掛かった段階や、その企業のビジネスモデルや取り扱う商品・サービスが時代にそぐわなくなったり、将来性を見込むことができなくなった場合に、次の一手を打つことが必要となってきます。そのため、既存の事業やビジネスモデルなど見切りをつけ、第二創業として、異分野へ挑戦することが少なくありません。

一般的に、第二創業は、既存の経営資源(これまで培ってきたノウハウ、有能な従業員、取引先からの信用など)を有していることや、資産も相応に有していることが多いことから、初めて事業をスタートする創業に比べて事業が失敗するリスクは小さいと考えられます。

しかしながら、第二創業に関しても、新たな事業展開に資金提供することはもちろんのこと、金融機関の「目利き力」を活かしてその事業が成功するか否かの助言をすることや、販売先や仕入先の紹介など、多岐にわたって金融機関の支援が必要となってきます。

 加えて、企業が存続することで地域の産業や雇用を守ることにもつながることはいうまでもありません。

第4節
バンカーとしての やりがい

創業支援は地域活性化のためになくてはならない支援ですが、創業希望者の相談において、難しい判断を迫られる場面もあります。苦しい状況にある中でも金融機関が精一杯支援を行うことが重要になってきます。

　これまで見てきた通り、近年、官民あげて創業を増やしていこうという機運が高まってきています。一方で、融資金の原資はお客さまから預かっている大切な預貯金であり、金融機関は融資金を間違いなく回収するという使命をもっています。そのため、既存の取引先に対する融資に比べて創業者への融資は、決算書をはじめとした過去の実績数値などに限りがあるため、決断力や勇気がいるかもしれません。

　しかしながら、現在の日本を代表する企業や、世界的に有名な企業をはじめとして、すべての企業に創業期があるわけであり、そういった企業の中にも事業を興した直後は資金調達に奔走していた企業が数多くあります。

　そういった苦しい状況にある中で、金融機関が資金面をはじめとして精一杯支援することで、その難局を乗り越え、一歩一歩成長して今日に至っています。

　金融機関で行うことができる業務は広がっています。企業に寄り添い、成長を支援することができるのがバンカーとしての醍醐味であり、やりがいにつながるでしょう。

第2章
地域の創業・第二創業ニーズの見つけ方

| 第1節　ニーズをキャッチするには
| 第2節　窓口からのトスアップ

第1節
ニーズを
キャッチするには

なぜお客さまが創業を考えているのか、そのニーズをキャッチするためには金融機関担当者として、その状況や理由を十分に把握しておく必要があります。ここでは、ニーズをキャッチするポイントを整理しましょう。

01 取引先の経営方針・将来ビジョンの把握

　創業とは、新しい自分の仕事を立ち上げるもので、「個性のビジネスモデル化」とも表せるかもしれません。自分のアイデアの実現や、個性や能力を発揮したいということから創業するという選択をしようとするお客さまがたくさんいます。

　なぜお客さまが創業しようと考えているのか。そのニーズを掴むためには、金融機関担当者として、その状況や理由を十分に把握しておく必要があります。創業しようと考えている相手は、将来的には「経営者」となり得る人です。「会社員」と「経営者」の違いも理解しておかなければいけません。

(1) 経営者を理解する

　よく例えられますが、私たち「会社員」は、ある程度安定した大型船に

乗った「船員」といえます。一方で「経営者（創業する人）」は、突然、海に小型船で繰り出していくようなものです。経営者になると、経済的な不安に対するプレッシャーと常に隣り合わせになりますが、自分自身で経営の采配を好きに決めることができ、責任も自分だけのものとなるので、会社員に比べて非常に自由と感じられるでしょう。

　創業しようと考えた人は、それなりの決心をしています。創業には、業種・業態選びからビジネスプラン・事業計画書の作成、資金調達、会社設立のための手続きなど、様々な準備が必要です。

　金融機関の窓口には、「これから会社を始めよう」と考えて、お客さまが相談に来ることが考えられます。しかし、会社を経営するということを金融機関担当者として理解しておかなければ、相談に乗ることもニーズをキャッチすることもできません。創業した会社が、ビジネスとして成り立つためには、具体的な商品、商品の仕入先や商品の販売先、商品の売り方（広告による宣伝等も含む）、在庫の確保の仕方、売上金回収の５つの方法が確立されていくことが必要です。

　それらをこれから創業しようと考えているお客さまに、きちんと聞いていかなければなりません。まずは聞くポイントを整理しておきます。

(2) 創業理由と事業計画

　創業しようとしたきっかけを把握しておくことは非常に重要です。創業することが目的になり、その後の事業継続を見据えないまま創業するのはよくありません。「創業の目的」を明確に聞き出すようにします。事業計画書などが作成されており、その中に事業目的が定められ、目標などが明確に設定されていることを確認しましょう。事業計画書では、目標達成のための実行課題を明らかにし、具体化して実行内容に落とし込まれていなければ、机上の空論となってしまい、事業を継続することが難しくなります。事業計画の作成段階では、予想することのできないトラブルやリスク

などが、その先に潜んでいるものです。そのためにも、売上の根拠の明確化、利益を確保するための計画、リスクに対する具体的な対応策が検討されているかを確認しておく必要があります。

また自己資金などがある程度確保されているかどうかも確認しておかなくてはいけません。計画的に貯蓄ができる人物か否か、必要な人件費や整備費用、消耗品など経費の概算についても考えているか、などを確認をしておきます。

(3) 具体的な商品・サービス

どのような商品やサービスを売ろうと考えているのか、なぜその商品やサービスを売ろうと考えたのかを確認する必要があります。どのような企業であっても、売上を得るために商品やサービス等を販売しています。しかし売れると思っていたものが売れなかったことが、倒産の大きな原因となります。会社を起こすときに「これは売れる」と思っても、ニーズが思ったほどなかったということも考えられます。創業するために考えている商品やサービスについて、金融機関担当者が自ら市場調査などを行い、本当にニーズがあるのかを調べることも必要です。

(4) 経験

創業者に創業する業種の経験があるのか、あらかじめ把握しておく必要があります。「やりたいことはあるけれど、組織に縛られたくない」などの理由で経済的リスクを背負いつつも、自己責任で意思決定し活動する範囲を広げていけることに魅力を感じて創業に踏み切る方もたくさんいます。このような場合、勤めている会社から独立して、新たに会社を立ち上げようとすることが多くあります。先に記載した事業計画の中に、商品やサービスを売っていくために必要な仕入先や販売先などが記載されていますので内容を確認しておきましょう。

そのほか重要となるのが人脈です。最近はヒト・モノ・カネ＋情報という表現がされていますが、情報を持っているのはヒトです。そのヒトと自分をつなげることができるかどうかも人脈の1つです。場合によっては、どうやってその人脈を作り上げてきたのかを聞いてみるとよいでしょう。すべての仕事がヒトとのつながりの上に成り立っている以上、創業者の持っているヒトのつながりの質と量によっては、創業することにより、もっと幅広い人脈を作り出せる可能性があるかもしれません。

(5) 仕入先や販売ルート

創業したばかりの会社や個人相手に簡単な条件で取引してくれる会社は、ほとんどありません。したがって最初にある程度の在庫を購入するなどして、仕入先との実績を作る必要があります。このためにもある程度の自己資金が必要となります。

では、販売ルートは、どのように考えているのでしょうか。自分の足で稼ぐ方法を考えているのか、インターネットやショッピングモールでの販売を考えているのかを確認していきます。

インターネットでの売上を想定しているのであれば、メールアドレスやホームページなどを想定しているか確認します。もちろん電話やFAXでの注文も想定されます。仮にお客さまとインターネットでやりとりするにしても、仕入先がIT化されていなければ発注は電話やFAXになります。ビジネスとなれば、法人でなくても「特定商取引法」の対象となるため、住所や電話番号を公開することになります。

さらに、ショッピングモールでの出店を想定しているのであれば、ショッピングモールだからといってすぐにお客さまが集まると思うのは大間違いであり、商品力がない限り売上を継続していくことは不可能であることを伝えましょう。

02 事業承継から第二創業を察知する

　在職中の知識・経験・技術や人脈を活かして定年後や退職後にいわゆるシニア創業を楽しんでいる人は多くいます。しかし、シニア創業は第2の人生を充実させる一方で、新たな販路の確保や時代にマッチする経験や技術があるかどうかといった難しい点もあります。後継者問題を含め、事業の継続を見越して採算性を考慮した上で創業しなくてはなりません。

(1) 事業承継とは

　事業承継は、言葉通り、次の経営者に事業をバトンタッチしていくことをいいます。経営者自身の将来設計と事業の承継を誰にどのようにバトンタッチしていくか、経営の最も重要な部分を考えていかなければならない非常に難しい問題であり、その決断は容易なものではありません。苦渋の決断ともいえます。実際、事業承継問題を解決できずに廃業に追い込まれている企業の数が毎年数万社あるともいわれています。

　中小企業の場合、かつては子どもなどの親族が後継者になる場合がほとんどでした。しかし、今では、職業の多様化や職業に対する意識自体の変化に伴い、必ずしも親族が後継者になってくれるとは限らなくなりました。少子化もその傾向に拍車をかけています。そのため、自社の従業員を内部昇格させて後継者にするケースや、外部から招いた人物を後継者にするケースが次第に増えてきており、事業承継が一層複雑になってきました。

　何より事業承継と一言でいっても、解決しなければならない数々の問題が残ります。今まで積み上げてきた大切な資産をどう減らさずに残せるか、企業が生きていくために確保してきた事業をどう継続し、取引先や金融機関との関係をどう続けていくか、さらに、従業員とその家族をどう支

えていくか、などこれらすべての問題を迅速かつ確実に解決し、進めていかなければ企業の承継はできません。

このように、事業承継には綿密な計画はもとより経営者の「決断」が必要不可欠です。ゆえに「苦渋の決断」となる場面も増えますが、考え方を変えれば、私たち金融機関担当者は経営者の悩みを少しでも和らげ、その「決断」の手助けをすることが可能です。そして新たなスタートに向けた創業の支援をすることもできるのです。

当然、事業承継の問題解決のためには、会計、税務の専門知識のほか、「企業の存続と発展」に向けたM＆Aの知識など、経営者が決断するための幅広い選択肢に関する知識を提供できることが重要です。

(2) 第二創業の察知

経営者は、どのようなときに事業承継を考え、次の展開を考えているのでしょうか。通常、この決断のタイミングは経営者にしかわかりません。

事業承継をどのように考えているかによって、後継者が事業を引き継いだ場合に新事業に進出しようとする第二創業のヒントが得られることがあります。事業承継を考えているとき、経営者はどのようなことを考えているのでしょうか。また金融機関担当者として、どのようなところに気を付けてヒアリングをしておくべきなのでしょうか。

1) 経営承継

経営権とは、会社の経営上の決定権、財産についての処分権、人事権さらには取引先に対する影響力など、経営者としての一切の権利です。このような経営権は、現経営者が長い年月をかけて作り上げてきたものですから、次期後継者が簡単に承継できるものではありません。したがって、どのように経営権を作り上げてきたのか、そしてどのように経営権を承継させようとしているのかを聞くことによって、これから承継しようとしている経営についての考え方を聞き出すことができます。

２）承継取得（資産等）

　人は誰でもいずれは死に至ります。所有していた資産をどのように承継するのかが問題になります。

　「資産」の承継は経営権、支配権のことを指しますが、自社株や不動産などの事業用資産の承継が主となります。多くの中小企業では、創業者の個人資産が少なからず投入されていることが多く、経営者による大半の自社株式所有や土地などの個人資産を自社に投じているなど、企業の所有権と経営権の分離が困難なケースが多く見受けられます。

　承継した会社の経営によって、自分の投じた資産に影響が出ることも考えられることから、承継する会社の内容について把握しておくほか、どの程度個人の資産が含まれる予定なのか、状況を把握しておくことが重要です。

　すでに現経営者が金融機関と締結している個人保証や担保提供は、後継者が事業承継を考えるにあたって大きな負担になることが多く、第二創業の仕事に少なからず影響が出る可能性がありますので、承継時に負っている保証債務などを確認しておくことが必要でしょう。

３）後継者の育成

　事業承継を考える際に経営者が一番悩むことが後継者問題といわれています。事業を承継していくには、経営や事業用資産の承継だけではなく、後継者が育成できていなければ、事業承継を考えることはできません。つまりこの「後継者育成」が事業承継の一番の根幹になります。

　一般的に親族に承継させる場合と、親族外に承継させる場合があります。親族内承継は、内外の関係者から心情的に受け入れられやすい点がメリットとなります。承継といっても親族内承継の場合は、実際に継続して経営に対するアドバイスを行っていることも多くあるようです。

　親族外承継は、承継後は経営に関わることが難しくなってくることが多く、また承継後であっても自社の重要事項に対し拒否権を有しておきたい

と考えている現経営者もいます。承継の仕方によって、第二創業の立ち位置や仕入れや販路の確保をどのように考えているのか聞き出すヒントがあるかもしれません。

03 メンター経営者から創業者を紹介してもらう

　創業するということを察知するとありましたが、何も会話の中から創業者を探しだすだけが渉外ではありません。創業者を自分で見つけるほかにも「紹介してもらう」という手段もあります。世の中には様々な業種がありますが、金融機関担当者ほど多くの業種の方たちと会う職業も少ないでしょう。つまり、各業種のプロに会う機会が非常に多いということです。創業者を見つけるならば、実際に各業種のプロから紹介してもらうこともできるかもしれません。

（1）メンターとは

　メンターは、辞書では師匠、相談相手、指導者等と記されています。経営者には、メンター、すなわち助言をしてくれる人が少なからずいるものです。経営者は、自己責任で意思決定をすることが求められる、ある意味、孤独な存在です。いくら信頼できる家族であっても、経営者独自の悩みを聞いてもらうには十分ではないかもしれません。経営上の悩みを何でも相談できるメンターの存在は、経営者の心の支えとなります。特に、新たに事業を始めた人や、後継者として経営者になったばかりの人であればなおさらです。そのメンターとしてふさわしい人は長く会社を経営している創業者であることはいうまでもありません。

　つまり長く会社を経営している創業者であれば、同じような創業者にアドバイスをしていることが考えられます。そのアドバイスをしている人を紹介してもらうのです。

（2）メンター経営者を探す

　どうすればメンターが見つかるのでしょうか。メンターの対義語はメンティー（弟子）です。まずはメンティーの立場になってみることです。メンティーの立場になるのであれば、メンターとしてどのような条件が必要となるでしょうか。きっと次のようなことを考えるはずです。
1）結果を出し続けている人
　1回だけの成功は、ビギナーズラックです。金融機関担当者であれば、たまたまある日、大きな成果を得たけれどもそれだけで、後は何も獲得できない担当者といえば想像しやすいでしょうか。時代の流れに影響されずコンスタントに結果を出し続けている経営者であれば、窮地に追い込まれたときに回避する技も兼ね備えていそうです。
2）信頼力がある人
　メンターになってもらった場合、ずっとその人からアドバイスをもらうことになります。メンティーを利用したり、馬鹿にしたりするようなメンターだと、ずっとアドバイスし続けてもらうのが嫌になってくるはずです。「人間的に好きな人、信頼できる人」をメンターにしなければ、自分自身の糧にもなりません。
　すでに知っている経営者の中で、メンターとなっている可能性のある経営者の顔が浮かんだのではないでしょうか。
　現在では、利害関係のない業種の経営者にメンターになってもらうことも少なくありません。ビジネス面での重なりはありませんが、資金繰りの相談や法務的な相談など、経営者の立場で相談できる関係を確立させたいと考えている経営者も多いのです。得意分野を超えたステージで相談している場合もあります。
　メンター経営者と考えられる人から創業者を紹介してもらう場合、その経営者と同じ業界であるとは限りません。メンター経営者から創業者を紹

介してもらいたいと考えるならば、金融機関担当者自ら様々な業界に対する知識を日頃から高めておかなくてはなりません。

(3) メンター経営者から創業者を紹介してもらう

　メンター経営者から創業者を紹介してもらうことは簡単なことではありません。前述したように、創業者を紹介してもらうには、金融機関担当者自身が経営者から信頼してもらわなければなりません。なぜなら、金融機関担当者自身が紹介してもらう創業者の「金融の資金繰りのメンター」となる可能性があるからです。それだけに、業界の状況については高いアンテナを張り巡らせておく必要があります。

　メンター経営者から紹介してもらえる先には2種類あることを覚えておきましょう。

1）若手（経験の浅い）経営者

　一番可能性が高い紹介先は、今、メンター経営者がアドバイスをしている経営者です。まだ創業して間もない経営者を紹介してもらえることがあります。なぜ、その創業者のメンターになろうと考えたのかを聞いておきます。そのほか、創業者に対する課題なども聞き出すことができれば、後で創業者に対して事業に関する提案を行うときも具体的に話すことができます。

　課題については簡潔にまとめられるようにしておきましょう。例えば、今一番何を経営の問題と考えているのか、経営理念・経営方針として課題があるのか、経営計画が思うように実行されていないのか、創業者の営業や企画を強化するための材料に課題があるのか、将来的に想定されるリスクの回避方法に課題があるのかなど、メンター経営者が思っているところを情報共有した上で紹介してもらえるようにしましょう。

2）成長途上の経営者

　「卒業」という言葉があるように、メンター経営者からアドバイスを受

けていたものの、受け続けていると、「ある程度のことは自己努力でできるようになった」と感じるときが来ます。いわゆるメンター経営者からアドバイスを受けることの「卒業」です。よい意味で、メンター経営者から離れていく創業者もいます。当然のことですが、創業者の考え方は個々に違います。始めは方向性が似ているためメンター経営者のアドバイスを受けてきたわけですが、いつまでも同じことを繰り返していては企業は成長しません。

　創業者（成長途上の経営者）として、メンター経営者より教わる関係から、切磋琢磨する関係へと関係が変化してくる人がいます。師匠・弟子の関係を超え、友達として付き合う関係になったりするものも多くあります。紹介してもらうとなると、どうしても今関係している創業者を紹介されがちですが、卒業していった創業者を紹介してもらうのも1つの手です。もしかしたら、その成長途上の経営者が、すでに学んできたノウハウを次の創業者に伝えていくべく、新しいメンター経営者となっている可能性もあります。経営者の人脈をたどるということは、大きなセールスチャンスを潜めているのです。

04　独立開業に対するサポート

　なぜ独立開業を目指す人がいるのでしょうか。やはり独立開業の一番のメリットは、収入の上限がないことではないでしょうか。給料をもらうのとは違って、創業者が頑張れば頑張っただけ収入が増えるチャンスがあり、きっとやりがいや楽しさを感じることができます。

　最近では、様々な業種の独立開業が増えてきています。フランチャイズを利用した独立開業、例えばコンビニエンスストアなどの店の開業も独立開業の1つです。近年は業種も増え、飲食業、小売業、サービス業など、ほとんどの業種のフランチャイズがあるともいわれています。こうなる

と、独立開業のニーズが高い業種は、すべてその特徴を捉えておかなくてはなりません。独立開業のニーズが高い業種であっても、それを取り扱う人によって結果は随分と違ってくるからです。

お客さまを確保するためには、まずは集客の技術が重要となってきます。この集客技術や営業技術の差が売上に大きく影響してきます。人気の業種である場合でも、それは購入する、または利用してくれるお客さまがたくさんいる場合であり、創業者の集客技術や営業技術がなければ会社を長く続けることは困難です。

(1) フランチャイズとは

フランチャイズシステムとは、「フランチャイザー（本部）と契約を結んだフランチャイジー（加盟店）が、加盟金やロイヤリティなどの対価を本部に支払うことで、商標やサービスマークなどの使用権および商品・サービスの販売権を取得するとともに、本部の指導を受けて短期間で事業をスタートし軌道に乗せることを目指す仕組み」のことです。

(2) フランチャイズのメリット・デメリット

ノウハウを持ち合わせていない創業者は、フランチャイズを利用すると、経験が浅くても失敗する可能性は低くなります。このようなフランチャイズのメリット・デメリットはどこにあるのでしょう。

● 図表2-1　フランチャイズのメリット ●

①成功する確率が高まる	すでに知名度があり、お客さまに浸透している名前で営業を始められるため、有利に物事が運ぶ可能性が高い
②商品の仕入先や品質、サービスの質が保証される	本来は自分で開拓しなくてはいけない仕入先やサービスのノウハウを始めから教示されることが可能である
③社員研修時間の短縮化	社員研修等のマニュアルがすでにできていることが多くあり、一人前に育てるまでの時間が短縮できる
④その他	店を出店する場所を検討する時間が非常に少なくてすむ　金融機関からの資金調達が受けやすい

● 図表2-2　フランチャイズのデメリット ●

①加盟金や月々のロイヤリティを支払う必要がある	商品の販売やサービスの販売権を取得しているので、その権利について支払を行う
②基本的にフランチャイズ本部の方針に従う	本部からの指示にある程度したがわなくてはならないので、自由な采配が限られる
③契約終了後は同業種では開業できなくなる	何らかの理由によって契約が終了した場合は同業種の開業は、同じ地区でできない場合が多い。競業避止義務といって、加盟店がフランチャイズチェーンに類似した事業の営業行為を他ですることを禁じる義務のことを意味し、ほとんどのフランチャイズの契約書に規定が設けられている

　メリット・デメリットを踏まえ、フランチャイズを利用した独立開業がよいのか、フランチャイズを利用しない独立開業がよいのかを十分検討しなくてはならず、金融機関担当者としては独立開業先がどちらの運営がよいのかを判断をした上で、訪問を継続し、取引につなげるのかを見極めなくてはなりません。

第2節
窓口からのトスアップ

窓口担当者との情報連携が、大事なセールスをするための初動として重要な役割を担っています。窓口担当者には常日頃から「情報共有」を意識してもらわなければなりません。

01 窓口担当者と渉外担当者の連携

　仕事をしていくには、何かしらの情報を豊富に持っていなければできません。この情報の収集とは、様々な取引先からの紹介や、外訪して集めてきた情報を増やしていくということを考えがちです。しかし考えてみましょう、何も自分で集めるだけが情報収集ではありません。私たち金融機関担当者が外に出なくても、店頭に来店するお客さまがいます。

　一見のお客さまがいらっしゃる店頭は、情報が自然と集まる宝庫なのです。

　いわばその最前線で働く窓口担当者との情報連携が、自分の仕事内容を左右するといっても過言ではありません。窓口担当者との「情報共有」も大事なセールスをするための初動として重要な役割を担っています。ただし、それには窓口担当者に対して常日頃から「情報共有」というものを意識しておいてもらわなければなりません。

(1) 情報共有の重要性

　「情報共有」というテーマは金融機関の大きな課題であると同時に、ビジネスの重要な要素でもあります。例えば、社内通知などで全行職員に示達するようなものも情報共有の一種です。しかし、重要な要素であると理解されながら、社内通知以外の情報共有をしている会社は残念ながらほとんどないのが実情です。それだけ、情報共有するということは難しいのです。

　仕事をしていて、「こんな情報はないか」と考えたことはありませんか？
　情報共有が必要と考えられると、所管の部署などによって、社内通知を作成することがありますが、実はここに間違いがあります。多くの会社は「情報を入れる箱」を一生懸命作成します。しかし、その箱に誰が情報をどう入れるのかについては、あまり考えていないものです。つまり、その箱に対する「入力の仕方」を考えているだけにとどまり、よい情報が集まらないのです。結局、自発的に情報を入れてもらわなければ質の高い情報は集まらないものなのです。

　窓口担当者の立場に置き換えてみれば簡単です。あなたが窓口担当者であったとしましょう。突然、渉外担当者から、今日来店した先、電話でセールスをした先、そして何を話したのか、どんな情報を受け取ることができたのか、自分がしてみた提案、そういったものを「すべて書き出してみて」といわれたとしましょう。窓口担当者であるあなたが本当に喜んで書き出すでしょうか。どう考えても、喜んで書き出すとは思えません。しかし窓口には真新しい情報が集まってくるのです。自分に合った質の高い情報をうまく窓口担当者から収集することができないかを考えなければいけません。

　前述したように「すべての情報」を収集することは難しいかもしれませんが、「一部の情報」を収集することであれば、かなりハードルも下がっ

てくるはずです。

(2) 情報共有の実現

　会社単位で情報共有をすることは、なかなかできず、大きな課題だということを記載しました。色々な担当者がいるからこその課題なのですが、自分に対して数人の人、いわゆる同じ支店だけに絞るのであれば、もう少し簡単そうです。それは、いつも顔が見えているからです。人は、メリット・デメリットを直観的に感じるものですが、信頼関係のある相手であれば、「あの人の頼みごとなら、頼まれてもいい」と思うものです。では、そう思ってもらえるようにするには、どのような努力をしてみればよいでしょうか。

　情報共有の実現に向けて、いくつか事例をあげてみましょう。情報共有の実現とは、自分が欲しい情報と近い情報を収集するために、どのようなことをすればよいかということです。

1）最初にどのような情報が欲しいのか、実際の例をあげてみる

　自分が欲しい情報を収集する場合は、どうすればよいでしょう。普段は、「こんな情報があったらください」と話して終わりにしてしまっていることが多いと思いますが、そこを実際のフォームを作り、例をいくつか作って渡すことによって、自分が欲しい情報に近い情報を渡してもらえる可能性が高くなります。

2）情報がどのように役立つのかを説明する

　情報が欲しいときに、1）で記載したようなフォーム、いわゆる箱は一生懸命作るものです。しかしながら、その情報がどのように役立つのか十分に説明してから情報収集を頼む人は格段に少ないのが現状です。

　どのように役立ち、どのような形になるのか。説明しようとは思いつつ、日常の仕事に追われてしまい、ついつい説明することが面倒になり、時間の無駄になってしまうと思いがちです。しかし実は、この説明こそが

時間の節約につながります。時間の節約といいましたが、これは自分だけではありません。情報共有を頼まれた窓口担当者も同じことがいえるのです。窓口担当者も自分の仕事がありノルマがあります。自分の取得した情報がどのように活かされ、役に立つのか、しっかりと説明することが最も重要なポイントとなります。

3）情報の重要性などを高低でわかりやすく提示する

　窓口担当者は、あなたの仕事をすべて理解しているわけではありません。よって自分の取得する情報のうち、どのような情報であれば、役に立つのだろうと考えるようになります。情報とはあらゆるものを指します。欲しい情報の高低を実際に提示することによって、頼まれた方も情報が取得しやすくなることは間違いありません。

4）自分も情報を発信する

　同じ職場で仕事をする場合、行職員間で協力するならば、ギブアンドテイクの精神が必要です。自分だけが情報をもらうようでは、お互いの関係は長く続きません。情報の獲得をお願いした相手は、どのような情報を望んでいるのでしょうか。情報共有を効率化するときには「オープン」であることが重要です。

　お互いに相手の情報を取得し、共有する、こうして初めて情報共有がより活きてきます。ここでいう「オープン」とは、何も情報を取得したことを相手に伝えるだけではありません。もらった情報が、その後どのように活きているのか、どこで躓いているのかまでを共有することにより、情報の入り口の取得方法が自然と変わってきます。

　情報とは取得することが大事ですが、その後、どうやって活かしていくのかを共有することがシナジー効果となり、実績に結び付く一番の近道になることはいうまでもありません。

　次の項では、実際に窓口担当者からもらう情報のトスアップについて具体的な例をあげて考えていきましょう。

02　屋号による口座開設があった場合

　窓口には、色々なお客さまが来店されますが、その中には新規で口座を開設される方が多くいます。

　自分の給料を受け取るために口座を開設する場合や、新しい家族ができて親が子どものために口座を開設するなど、様々な目的があって金融機関に口座を開設しています。当然、これから創業し、その仕事に使用するために口座を開設する人もいます。創業する人は、一般的に個人事業主に分類され、金融機関では「屋号」を付けて口座を開設することがあります。

　この「屋号」とは、簡単にいうと「お店の名前」です。近所に「○○スーパー」などと見かけることがあると思いますが、この「○○」が屋号にあたります。このため、窓口で屋号が付いた口座が開設されると、個人事業主として、自分の金融機関の口座を利用する可能性が高いわけです。創業する人なのか、それとも他の場所から移ってきたのか、新たに取引が広がるチャンスにもなります。屋号について、どのようなメリットがあるかを知ることによって、屋号付きで口座開設をしたお客さまへの接し方も変わってくるはずです。

（1）屋号を付けるメリット

　個人事業主は、口座を開設する際に「屋号」を付けることが多くあります。なぜ「屋号」を付けるのか、そのメリットを考えてみましょう。個人事業主で屋号を付けるメリットとしては以下の3点が考えられます。

1）事業内容を明確に表すことができる

　一番のメリットは事業内容を明確に表すことができることです。例えば、名刺交換をしたときのことを思い出してみてください。「鈴木　太郎」と「青空塗装　代表鈴木太郎」。いかがですか？　「青空塗装」という言葉

が付いていることによって、塗装を主業としている方だろうとイメージが湧きませんか？ ○○豆腐店や、○○フォトショップなどと屋号を付けることによって、消費者側に事業内容が伝わりやすくなるのです。

２）屋号を付けることによって、信頼性が増す

　個人事業主は、信頼がすべてといっても過言ではありません。屋号を付けて口座開設をすることは、これから営業をしていく中で信頼性が増すといったメリットもあります。これは、個人事業主が「通常口座」を開設する場合と「屋号付き口座」を開設する場合にも大きな違いがあるからです。以下に口座開設の違いをみてみましょう。

● 図表２－３　口座開設の違い ●

通常口座
・インターネットでの申し込み、テレビ電話、郵送など様々な受付方法で開設が可能
・金融機関のどの支店の口座も開設可能
・初回来店時に口座開設が可能（キャッシュカードは後日郵送）
屋号付き口座
・窓口のみの受付方法で開設が可能
・自宅や事務所から最も近い支店の口座のみ開設可能
・口座開設に金融機関の審査などがあり、開設までに１週間程度かかる場合がある
・開業届の提出が必須

　このように、屋号付き口座を開設することは、一般の通常口座と比べて厳しいといえます。したがって、振込先の口座に屋号が付いていることで、振込を行う側の安心につながることが考えられます。また金融機関の審査を通っているので、反社会的勢力に関わりがないことも間接的に証明されることとなります。

(2) 屋号付き口座の利用

　創業して個人事業主となる人にとって、商売上のお金は切っても切れな

いものです。個人事業として開業する場合、個人事業用の口座を開設することはとても重要です。事業を開始すると、消耗品や交通費などの経費、取引の入出金、家賃、公共料金など、様々なお金が出入りします。今まで持っている個人名義の口座のままですと個人で使用したお金か、事業として使用したお金か区別がつかなくなります。

　開業以降、業務上のお金の動きがあれば、事業の採算管理や確定申告の際にも必要となるため、1つの口座にまとめられる可能性が高くなります。いわゆるメイン口座として使用される可能性が高くなるため、金融機関担当者側からしても、様々な提案がしやすくなるのです。

(3) 屋号付き口座開設先へのアプローチ

　屋号付き口座を開設する場合には、開業届が必要です。創業するからには、誰しも大きな希望を持っているものです。当然、会社の規模が大きくなれば節税対策が必要になってきますし、その先には「法人化」というさらなるステップを考えていると思われます。個人事業から会社組織に変更することを「法人成り」といいます。法人成りのタイミングは個々人の判断によりますが、納税額の面から考えた場合に得になることがあります。

　個人事業の事業主は所得税を納めますが、会社組織の事業主は、会社の所得については法人税を納め、事業主個人の所得については所得税を納めます。所得税と法人税の税率が違うため、所得が一定額を超えた場合には、所得を法人と個人に分散させることで、法人・個人合計の納税額を低くすることができます。

　一般に、売上から経費を引いた後の利益が500万円を超えると法人成りする方が有利であるとされていますが、金額は個別のケースによって上下するようですので、創業者の考えている将来的なビジョンを聞く中で知識として持ち合わせておくとよいかもしれません。

　屋号付き口座を開設されたお客さま、いわゆる創業者は、屋号をどのよ

うに考えて付けたのでしょうか。例えば画数を気にして付けた場合、何かにあやかって付けた場合、師匠の名前から一部名前をもらった場合など、そういった話題をふることにより、取引が広がっていく可能性も秘めています。まずは、そのお客さまのことをよく知ることです。

　名前の由来は、誰もが話したくなるものです。由来を教えてもらえるようになれば、創業者との距離が縮まってきている証拠です。名前の由来などで創業者の夢を知ることもセールスをしていく上で重要なポイントとなるのです。

03　大口の預貯金が動いた場合

　創業しようとしている人を見つけるとなると、窓口で屋号付きの口座を作ろうとしている人にあたってみようとなってしまいますが、なにも口座を作るときだけが情報を集めるチャンスというわけではありません。

　確かに屋号付き口座を開設しようということであれば、すでに開業届も提出しているわけですから、わかりやすいものです。セールスをする私たち金融機関担当者はあらゆる情報にアンテナを張り巡らせていなければいけません。いかなるときでも現金が動くときは、何かしらセールスチャンスがあるものと思ってよいでしょう。大口の預貯金が動いたときの情報については、自分だけで把握するのは難しく、窓口担当者など内部の担当者の協力が必要です。自分に情報をトスアップしてもらう環境を整えるようにしましょう。

（1）窓口担当者にも創業の流れを知ってもらう

　窓口担当者から情報をトスアップしてもらうには、対応する窓口担当者にも創業するまでの流れを、知ってもらう必要があります。個人事業で創業するための流れは、大きく分けると以下の図表となります。

● 図表2-4　創業するための流れ ●

①誰に何をどのように販売するかを決定
②事業の具体的な計画を練る
③事業開始の環境を整える
④届出を出す
⑤事業に必要なものを揃える

　②に記載した「事業の具体的な計画を練る」では、すでに開業資金の確保に向けて動き始めている可能性があります。開業資金の確保は、金融機関からの資金調達もありますが、自分で今まで蓄えてきた自己資金があります。自己資金とは、新創業融資制度や一部の信用保証協会付融資を利用する場合に自分で用意しなければならない最低限の金額のことをいいます。この自己資金の最低額については〇〇万円以上などのように定額で決められている訳ではなく、「創業にかかる経費の何分の1以上」というように定められています。よって創業するときには、ある程度の金額が動くことが考えられます。

　大口の預貯金が動くときには、金融機関担当者の誰もが敏感に反応するはずです。どんなときにお金が動くのかを実際に考えてみましょう。創業資金のためのニーズが隠れていることがあるかもしれません。

(2) 定期預金や投資信託の大口解約があった場合

　定期預金や投資信託の大口解約があるといった場合は、当然ながらお金が動くときです。解約するお客さまが何に使おうとしているのかを確認することも窓口担当者の重要な仕事の1つです。自宅を購入するための自己資金として使うこともあるでしょうし、場合によっては、他行の金利がよいのでそちらに預け替えることも考えられます。ここまでは、金融機関担当者として、よく考えられるのですが、実は新しい事業を始めるからという理由もあります。

これらのことから大口解約が店頭であった場合に、普段聞いている解約理由に加えて、「何か新しいお仕事でも始められるのですか？」という質問を1つ付け加えてもらうのもよいかもしれません。

(3) 大口の振込などがあった場合

　大口の振込があった場合も、何かしらお金が動くときの準備と考えられます。振込があった場合には、その口座から次の支払に向けた準備が始まっているため、なるべく早くその理由を知るようにします。お客さまに対しては、「大きい金額が振り込まれているのですが、何かお使いになるのですか？」と直接理由を聞き出そうとするよりも、「口座へのお振込を指定していただきまして、ありがとうございます」と、まずは感謝の言葉をかけることを忘れないように心がけましょう。

　また他行から大口の振込をされた場合、そのお客さまのメイン行が、その金融機関である可能性があります。会話の中で、そのお金がどうやって貯められてきたのか、または土地建物などの売却によりできた資金なのか、上手に他行の取引などを聞き出してみるようにします。当然、そのお金の使い道についても聞いてみるとよいでしょう。場合によっては、開業資金として振り込まれているのかもしれません。大口の振込があったときは、お客さまに対して預金・貸出金の両方をセールスする最大のチャンスであることを忘れないように活動をしましょう。

　渉外担当者と窓口担当者の情報共有が、成果を上げるための一番の近道であることはいうまでもありません。

04 定年前・定年後のシニア層へのアプローチ

(1)「働く」形とは

　平均寿命が延び、90歳を超えて生きる方も多い時代になってきました。現在の会社員が定年を迎える年齢の大半は60代ですが、まだまだ元気な方も多いようです。そのため、定年後も働き続ける人が増えてきています。定年後は雇われずのんびりとした老後を送りたいと思うのか、自分の経験を活かして、身体が動く間は元気に働きたいと思うのか、どちらかになります。身体が動く間は元気に働きたいといっても、「働く」という形は、今までと同じように、必ずしも「会社に勤める」ということだけではなく、「創業」という形もあるのです。

　一般的な定年後の働き方としては、今まで働いていた会社または他の会社で嘱託やパート、アルバイトとして雇ってもらう形態となります。シニア層の方々は、日本の高度成長を支えてきた経験と実践的なスキルを持ち合わせています。「高度成長」というように、高度な経験とスキルです。ただ、定年まで、会社一筋として働いてきた方が多く、狭い環境下での経験しかされていない場合もあり、自分で創業して「一国一城の主」としてやっていくことは、経験したことのない領域になります。しかし、それまでのたくさんの経験則から創業にあたっての素質は十分備わっている方が多くいます。

(2) いつ「創業」を考えるのか

　シニア層の方々は、いつから創業をしようと考えだすのでしょうか。
　50代に突入した頃から、第2の人生について考え始めることが多いようです。退職後に収入がなくなることや、収入が減ることへの不安は誰でも

感じるところです。近年では自分で住むための自宅を購入するにも、物件価額が上昇し、定年後まで住宅ローンを組む人も多くなってきました。定年する年齢になっても子どもの大学などの学費を支払わなければならない方もいます。当然、年金だけでは生活費が足りないかもしれない、そんな心配を抱え、老後の生き方にについて考えることが多くなるようです。

そのように考える中で、定年まで働き続けていくことより、定年前の現役時代中、それも体力がある50代のうちに創業し、次のステージに移行しよう、という人が多くなってきたのです。そして、それまで関わってきた仕事に関する経験を活かして創業する人が増えています。

これらのことから、一般的にシニア創業の場合は一般的にローリスク、ローリターンの事業をすることが多いといわれています。「ローリスク」とはつまり、在庫を抱える、長期的に責任を負う、人を雇う、大きな投資をする、などはなるべく避ける傾向にあるということです。

誰もが成功したいとは思いますが、事業が確実に順調にいくという保証はどこにもありません。

ハイリスクをもって大きな儲けをしようという考えではなく、リスクを大きくは取らずに仕事を楽しむことを優先している方が多いようです。

(3) 実際のアプローチ

若年層とシニア層とでは、理想となる事業計画には大きな違いがあります。定年前後からスタートさせる創業計画では、退職金等を含めたこれまでの預貯金と、これから支給される予定の年金を生活費のベースとして、その上でさらに事業収入を得ようと考えているものです。

これから将来にかけて年金支給額が目減りしていくことを踏まえれば、月々の生活に支障のないだけの分を稼ぐことを目的とした創業が多くなってくると思われます。では、私たち金融機関担当者は、どのようにアプローチをしていけばよいのでしょうか。

前述したように、シニア創業を成功させるためには、リスクを抑えることに加え、前職時代の人脈や経験を最大限に活用することが考えられます。今、取引をしている先の高齢者となりつつある方も対象となります。なにも技術だけではないのです。人脈などを使い、営業を考えている方もいれば、アドバイスをする顧問といった形もあります。製造業などでは、規模が小さく利幅の薄い商品を引き受けて外部委託販売会社として創業することもあるかもしれません。

　創業しようと考え始める人の中には、会社経営に関して不安に思っている方も少なくなく、金融機関担当者に相談をするといったことも想像できます。定年を数年後に控えている方に対しては、定年後のビジョンをあらかじめ会話の中に取り入れて接するようにしておきましょう。そして、いざ創業しようと相談されたときに適切なアドバイスができるよう、金融機関担当者も自ら考えておくべきです。相手の立場に立ったアドバイスが必要となります。

　定年前後で創業される方は、人生でいえば最後のステージとしての覚悟があるはずです。最後という気持ちは十分に理解できますが、じっくりと考えてもらうためにも短期間で判断することのないよう普段から会話の中で、相手の立場に立ってアドバイスをしておくとともに、相談された際には、事業計画に向けた様々な提案を適切に行えるようにしておきましょう。きっと創業者には、あなた自身が最良のアドバイザーの1人となっているはずです。

● 図表2-5　創業しようと考えている人へのアドバイス ●

・まず何より好きなことをする仕事であるか
・身の丈に合った仕事であるか
・年金や退職金を取り崩さない範囲でできる仕事かどうか
・自分自身のやりたいという意識だけではなく家族の協力も必要かどうか
・人間関係、信頼関係を活用し、能力範囲内の仕事かどうか
・創業時の投資額が大きすぎないかどうか
・数年は赤字でも生活できる範囲で投資額が収まるかどうか

第3章
事業計画書の作成の仕方・読み方

第1節　創業のための事業計画書の重要性
第2節　目的に応じた事業計画書の作成
第3節　事業計画書の構成内容と留意点
第4節　事業計画書の作成準備と手順
第5節　事業計画書・各項目の記載方法
第6節　収支計画（数値計画）の作成
第7節　資金計画の作り方
第8節　第二創業の事業計画書作成
第9節　業種別事業計画書の事例
第10節　事業計画書の改善案とフォローアップ

第1節
創業のための事業計画書の重要性

事業計画書の作成は、創業者にとって、資金調達をはじめとして創業を成功させる第一歩として大変重要です。創業者の立場で事業計画書の作成方法を知っておくことで、的確にアドバイスを行い、創業者を支援することができます。また、事業計画書をチェックする立場としても創業者の視点を持つことが役立つでしょう。

01 創業のための事業計画書の必要性

新しい事業を始めるのですから、計画通りにならないことが多く、うまく事業が展開していかなくなるときもあります。どこが間違っていたのかを振り返り、事業内容を修正していくためにも事業計画書は必要です。

02 創業者自身のための計画書

事業計画書は創業の際には必要不可欠な書類です。そして、第一に創業する創業者自身の目標や目安にするために必要だということです。

仮に自己資金だけで創業が可能な場合でも、事業計画書を作ることで、客観的に計画を見直すことができます。また、計画時点で問題点や課題を発見し、準備も怠りなく行うことができます。

実際に創業した後も、目安である事前の計画と照らし合わせることで、見込み違いだったことは何か、顧客や売上をどのくらい増やせばよいか、見直しもしやすくなります。

03　審査のための計画書

金融機関への創業資金融資の申込みには、事業計画書が必須です。それだけでなく、事業計画書の出来栄えが審査にも大きく影響します。新規創業者には事業の実績がなく、決算書もありませんから、金融機関担当者としても事業計画書をもとに審査するしか方法はありません。

04　対外PRのための計画書

事業計画書は対外的なPRを行う際にも活用できます。事業計画書でまとめた事業内容の説明、経営者のプロフィールなどは、ホームページでの紹介やチラシなどの広告宣伝にも使えるでしょう。

事業の実績をPRすることはできませんが、創業者のこれまでの経験や創業への想い、志やビジョンなどを具体的に示すためにも事業計画書を積極的に活用しましょう。

● 図表3-1　事業計画書の作成目的 ●

```
                  創業者自身の目標・目安
                         ↑
                    ┌─────────┐
   創業融資申込  ←  │ 事業計画書 │  →  支援者への説明
                    │  ・・・・  │
                    │  ・・・・  │
   補助金申請    ←  │  ・・・・  │  →  行政への許認可申請
                    └─────────┘
```

第2節
目的に応じた事業計画書の作成

事業計画書は作成する目的や読んでもらう相手を意識して作成することが大事です。なぜなら、事業計画書を読む相手の関心事は少しずつ異なるので、そのポイントに焦点を合わせて作成することが効果的だからです。

01 自社・自身の目標・指針

　創業者自身の目標や指針としての事業計画書で、他の人が読むことがないのであれば、あまり形式や表現にこだわる必要はありません。
　ただし、創業準備にあたって、漏れがないように必要な項目は網羅しておくことがポイントになります。具体的には、創業までにかかる費用、初期投資の内容と金額、そして、創業後少なくとも数年間の業績計画と資金計画等です。
　また、業績計画で最もポイントになる売上高の計画は、その前提や根拠となる顧客数や単価などを明確にしておくことが必要です。そうすることで、実際に創業した後に計画とのかい離の原因を明らかにし、対策をとることもできます。

02 創業融資申込書類

融資申込書類としての事業計画書は、必ず所定の書式があります。それぞれの金融機関の書式にしたがって、その項目を漏らさず記載・作成することが最低限求められます。創業者の経歴や業績計画の内訳明細など所定の書式欄に記載しきれない場合は、別紙に記入して資料として添付するのもよいでしょう。

03 行政への許認可取得・届出

許認可や届出申請が受理されるような形式要件が整っていることがポイントです。そもそも、経営者や企業の資格要件とその証拠書類が整っていなければ申請は受理されません。事業計画書にも必要な項目が書かれていなければ書類不備になってしまいます。

業種によっては、複雑な書類が必要で作成が大変なことがあります。創業者自身で作成するのが困難な場合は行政書士などの専門家に依頼する方法もあります。

04 親族など支援者への説明

親族や知人など、創業資金の支援者に対しても、事業計画書を渡して説明すると、安心感が得られるでしょう。この場合も形式にとらわれる必要はありません。ただし、応援してもらうからには、どのような目的で創業者が事業を始めたいのか、本当に利益が上がるのか、という点をわかりやすく記載することが求められます。

05　創業補助金申請

　金融機関担当者は創業融資に限らず、創業補助金の申請についてもアドバイスすべきでしょう。

　創業予定者または創業から間もない創業者に対する国や都道府県などの補助金申請の場合も事業計画書の審査がポイントになります。

　補助金の審査にあたっては、事業の実現性、収益性だけでなく、独創性、新規性にも重点が置かれます。したがって、類似する事業との違い、競合との差別化要因等、独自の強みが具体的によく理解できるように記載することが大切です。

● 図表３－２　事業計画書の目的別作成ポイント ●

目的	提出先	ポイント
自社・自分の目標・指針	－	網羅性、納得性、目標としての有効性
創業融資申込	地域行政・金融機関	自己資金割合、返済能力、事業の確実性
創業補助金申請	都道府県事務局	事業の実現性、新規性、独創性、収益性
許認可・届出申請	各行政機関	形式要件の充足、事業者の適正性
ビジネスコンテスト応募	各主催団体	事業の実現性、新規性、独創性、収益性
出資受入・支援者説明	親族・知人・縁故関係	経営者の熱意、事業の実現性、将来性

第3節
事業計画書の構成内容と留意点

事業計画書に記載すべき内容の全体像と作成の際に共通する考え方、留意点について解説します。どのような項目を記載するのか理解しましょう。

01　所定の書式と記入項目

　所定の書式に合わせて、必要な項目をすべて漏らさずに記載するのが基本です。ただし、書式によっては大まかな指定しかなく、具体的に何を記載するとよいのかわかりにくい場合もあります。そこで、例えば事業内容について記載する場合は商品・サービスの特色、ターゲット顧客、販売方法等の項目を具体的に考えなくてはなりません。

02　全体の構成内容

　会社概要、個人の職歴などの概要部分と、創業する事業の内容や計画値を記入する事業計画の部分になります。また、収支計画が別書式になっている場合はそれにしたがって作成します。
　新規性の高い商品やサービスの説明、業績計画の内訳根拠など、所定欄に記載しきれないときには、別紙の資料として添付しましょう。

図表3−3 事業計画書の書式例1（信用保証協会）

● 図表3−4　事業計画書の書式例2（日本政策金融公庫）●

（創業計画書の書式画像。日本政策金融公庫 国民生活事業）

03　創業者の経歴・会社概要など

　法人の場合は、登記上の内容を記載します。登記上の住所が実際の事業所の住所と異なる場合は、正式な住所は登記上の場所を記載し、実際の住所もあわせて記載しましょう。

　個人の場合は、代表者の個人名だけでなく、決まっている場合には商号・屋号も記載します。住所は事業を行う店舗や事務所の住所を記入するのが原則です。自宅住所が別の場合にはあわせて記載します。

04 事業内容・特色

(1) 商品・サービスの特色と優位性

　事業内容は、他の同業者との違いや優位点などを含め、取扱商品やサービスの特色を具体的に記載します。競争の激しい業界ほど、特色となる差別化要素がないと成功するのは難しいといえます。創業融資の審査でもその点が重要なポイントになります。価格についても、その前提や根拠について説明を加えるとよいでしょう。

(2) ターゲット顧客と市場環境・ニーズ

　新規の創業では、顧客の確保が重要なポイントの1つです。ターゲット顧客の対象は、ともすると幅広く設定しがちですが、それは逆効果となる場合が多いといえます。ターゲットは逆にできるだけ絞りこむ方が、よい場合が多いといえます。

　さらに、これから成長していく市場かどうかなどの市場環境や、市場規模などもできるだけ調べて記載します。また、今までにない新しい事業の場合には、潜在的ニーズを含めて、その商品・サービスが必要とされる根拠を具体的に記載しましょう。

(3) 販売方法・販売ルート

　どのような方法や販路で商品・サービスを売るのかを記載します。一般個人向けの商品販売のBtoC事業であれば、リアル店舗またはインターネット販売などになるでしょう。店舗の立地についても記載します。

　法人向けのBtoB事業の場合では、自社直接営業の他に代理店販売等の方法があります。どのような方法で販売するのか複数の選択も含めて記載

します。

(4) 営業・集客方法

売上を上げるための営業や集客のための広告・宣伝や販売促進策が必要です。事業計画書にもその方法を記載しましょう。

05 行動計画・創業スケジュール

事業計画書には、いつまでに何をするかという行動計画のタイムスケジュールが必要です。現在の勤務先の退職予定日、会社設立や開業予定日は確定していなくてもなるべく具体的な日付を記載しましょう。

開業までの事務所や店舗の賃借開始や内装工事などの予定も具体的な日付を記入することで、創業者にとっても目標がより明確になります。

開業後も段階的に事業を拡大していく場合は、1年目には何、2年目には何など、いつ、何をするかについてできるだけ具体的に記載します。下記のような図で示すと全体の流れがわかりやすくなります。

● 図表3−5　創業までのスケジュールの例 ●

	9ヵ月前	8ヵ月前	7ヵ月前	6ヵ月前	5ヵ月前	4ヵ月前	3ヵ月前	2ヵ月前	1ヵ月前	開店
事前調査			市場調査			立地調査				
事業計画書作成		事業内容		商品・サービス		収支計画				
店舗賃借・内装工事					物件探し	●契約		内装・設備工事		○開店
創業融資申込/実行						事前相談 ●申込	審査		○実行	
創業準備							●退職 ○会社設立		開店案内	開店イベント

06 収支計画（数値計画）

　収支計画は、業績計画（損益計画）と資金計画の2つが必要になります。少なくとも当初の1、2年については、月ごとの月次計画を作成します。
　また、売上高については、その根拠となる数値として顧客数、単価や商品・製品別内訳なども示すと具体性が高まり、審査上もプラスです。経費についても内訳とその根拠を具体的に示すことがポイントです。

07 記載の仕方のコツ

（1）審査ポイントを意識して具体的、客観的に記載する

　創業のための事業計画書は、融資や補助金の審査ポイントを意識して、具体的、客観的に記載することがコツです。記載しにくい部分があるとすれば、まだ検討や準備が不十分だということです。したがって、その部分が具体的に記載できるように、足りない部分を調べ、計画を練りながら記載し直しましょう。

（2）創業者の想いと創業のきっかけ

　形式的に必要な内容が記載されていることはもちろんですが、それだけではなく、創業者として独立・創業にかける想いを熱く語ることも必要です。
　また、創業者がなぜその事業で創業するのか、その事業で創業する経営者としての資質はあるのかという点も重要な創業融資の審査ポイントの1つとなります。したがって、創業者の経歴や職歴とともに創業のきっかけを説明するとよいでしょう。

(3) 計画金額・予定日付の明示

数字の根拠をはっきりと具体的に示すことが大切です。計画なので実際にはその通りにはならないとしても、計画した時点での1年目の顧客数、平均客単価や売上目標、黒字になる年月がいつなのかということです。また、創業の時期、会社を設立する場合はその予定年月や、店舗の場合は開店予定日の記載は必須です。

(4) 事前調査結果の反映

事業に対してニーズがあるのか、どのような価格であれば受け入れられそうか、といったことをアンケートやインタビューなどの市場調査で、ある程度把握しておくことが求められます。リスクを減らし、見込み違いによる失敗の可能性をできるだけ少なくするためです。

公的機関の調査結果なども調べて具体的なデータとともに根拠を記載すれば、実現性や収益性の客観性が増すでしょう。

(5) 自社の優位点や数値計画の具体的根拠の明示

自社の特色や強み、優位点を客観的、具体的に書く必要があります。例えば、ネイルサロンにおいてネイリストの技術力やデザイン性が強みだとすれば、コンテストでの入賞歴や過去の実績を具体的に示すことです。

(6) 業界事情や専門的内容の説明

創業融資の審査担当者は、普段から多くの事業計画書に接しているとはいえ、すべての業種の事業やビジネスに精通しているわけではありません。専門用語はなるべく使わないようにし、使うときには説明を加えるようにしてください。

第4節
事業計画書の作成準備と手順

事業計画書を記載し始める前に、事前の準備が必要です。事業計画書は、どのような準備をもとにどのような手順で作成するのかについて、みていきましょう。

01 作成の準備

事業計画書を記載し始める前に検討しておくべきこと、調べておくべきことが色々ありますので、漏れのないように確認します。

特に、営業に必要な許認可、資格は事前に確認しておきます。また、店舗が必要な場合は、家賃の相場や内装・設備にいくらくらいかかりそうか等も把握しておく必要があります。

02 作成と提出のスケジュール

(1) 検討と並行して作成

店舗やオフィスの場所が決まらないと、入居保証金や設備資金など、初期投資の金額が決まらず、収支計画も確定できないことになります。

とはいえ、全部が決まってから作成し始めるのでは、創業融資などの資

● 図表3−6　許認可・届出が必要な業種の例 ●

業種	申請先	区分	必要資格等
飲食店	保健所	許可	食品衛生責任者
建設業	都道府県（国土交通省）	許可	
不動産業	都道府県（国土交通省）	免許	宅地建物取引士
トラック運送業	運輸局	許可	運行管理者、整備管理者
介護事業	都道府県（市区町村）	許可	
酒類販売	税務署	免許	
リサイクルショップ	警察署（公安委員会）	許可	古物商
ペットショップ	保健所（都道府県）	登録	動物取扱責任者
美容室	保健所	届出	美容師免許
整骨院	保健所	届出	柔道整復師免許
人材派遣	労働局	許可	

金調達には間に合わなくなる可能性があるため、できるところから早めに着手します。金額が未確定の部分についても、とりあえずの想定で計画を立てるとよいでしょう。

（2）創業融資の審査期間

最初の申込み窓口がどこかにもよりますが、融資を行う場合、必要書類提出から最低でも1ヵ月はかかります。場合によっては2ヵ月近くかかることもあるでしょう。

また、審査が順調に進んで融資決定になる保証があるわけでもなく、減額や否決となる可能性もないとはいえません。資金が必要な支払期限から逆算し、余裕をもって提出できるように早めに作成することです。

● 図表3−7　創業融資の事業計画書作成手順 ●

03 市場調査の実施

(1) ニーズの調査

　新しいビジネスや法人向けのB to B事業の場合は、その事業や商品に対して、ニーズがあることをできるだけ客観的に記載する必要があります。単によい商品だからニーズがあるはず、というだけでは客観性の点で不十分です。そのためには事前の市場調査を行って、その結果を事業計画書にも記載しましょう。

　具体的な方法としては、アンケートやインタビュー調査があります。例えば、このような商品・サービスを利用してみたいと思うか、どの程度の価格・料金なら受け入れられそうか、などについてターゲット顧客と同じ層に対して回答してもらう方法です。

　不特定多数の人への本格的なアンケートを行うには調査会社などに有料で頼む必要がありますが、身近な親族や知人に対してのアンケートやインタビューであれば、誰でも比較的簡単にできるでしょう。

(2) 立地環境調査（商圏調査）

　飲食店や美容室などのサービス業などで、店舗型かつ個人向けビジネスの場合、店舗の出店候補の物件が決まった場合はその立地上、創業者の事業にマッチしているのか確認します。最寄り駅からの距離で徒歩での距離、近隣の商業施設、商業地域なのか、住宅地が近いのか、オフィスが多いのか、住宅街から駅までの通り道にあたるのか、などです。

● 図表3-8　立地環境調査項目の例 ●

項目	判断ポイント
最寄駅からの距離	徒歩圏か（〜5分、〜10分）
近隣の施設	駅（乗降客数）、公共施設、大型商業施設
通行量	店舗の前道路の通行料（平日・休日／時間帯）
周辺地域特性	住宅街（所得階層）、商業地域、オフィス街などの特性
主要道路	主要道路・駐車場、車での来店しやすさ
競合店舗	競合店の存在・規模・特色（商品、価格、客層他）
商圏内世帯数・人口	半径500m、1キロ以内の人口・世帯数と増減傾向
商圏内の特性	年齢階層、単身世帯割合、子ども・高齢者の割合

　立地環境調査の一環として商圏内の調査を行います。飲食店や生活に密着した近隣の消費者向けの事業であれば、半径500メートルもしくは1キロ以内の1次商圏の人口や世帯数、どのような年齢層が多いかなども調べた結果を記載します。店舗の前の道を通る人の通行量なども把握できれば、立地の良し悪しがわかるでしょう。

(3) 競合調査

　立地調査の一環として、店舗型の事業の場合、近隣に競合店舗があるのかを調べます。競合店の位置を出店予定地周辺の地図に示し、それぞれの特色などを記載します。

　競合店舗がすでにあることは必ずしも問題ではありません。むしろ創業者がこれから行う事業には市場ニーズがあるということですので、商品・サービスの内容や価格で差別化が図れればよいわけです。

第5節
事業計画書・各項目の記載方法

事業計画書には、どのような項目が必要で、それぞれ何をどのように記載すればよいのかについて、個別に記載していきます。

01 外部環境の分析

(1) 市場規模、市場環境

市場規模がどのくらいなのか、そしてマーケットの成長性や競合状況はどうなのかという点です。

例えば、動物病院を開業する場合、そのマーケットはどうやって測ればよいでしょうか。動物病院の市場規模自体は統計があるわけでもなく、推定するしかありません。ただし、ペットの動物、特に犬については保健所の登録制度があり、その統計があります。犬の登録数の推移をみればある程度成長している市場かどうかがわかるでしょう。

(2) 競合製品、その他外部環境

全く同じ事業だけが競合相手というわけではありません。他にない新しい事業なので「競合は存在しない」と簡単に記載しただけの事業計画書がありますが、そのような場合は逆に独りよがりにもみえがちです。

むしろ、競合があったとしても、競合相手との違い、差別化要素を明確に記載してある事業計画書の方が信頼性は高いといえるでしょう。

● 図表3－9　外部環境分析の例・PEST分析 ●

政治的要因 Politics	・創業支援策の充実 ・成長戦略による規制緩和
経済的要因 Economic	・金融財政政策に伴う景気回復への期待 ・雇用回復、人手不足、賃金水準上昇 ・円高による輸入物価の下落
社会的要因 Social	・少子高齢化の進展 ・働く女性の増加
技術的要因 Technology	・IT・クラウド技術・環境の発展 ・IoT（Internet of things）の普及

02 製品・商品・サービスの特色

(1) 優位性、差別化要素

事業計画書の中で最も重要な部分の1つです。自社や製品・サービスの強み、差別化要素がよくわかるように、明確に具体的・客観的に記載することがポイントになります。

製品・サービスを評価し、購入するのは最終的な顧客であるエンドユーザーになります。その顧客にとってどのような価値を提供できるのか、という点が重要なのです。したがって、顧客の視点からみた特色、価値は何か、という点を明確に示すことが大事です。

(2) ターゲット顧客とニーズ

ターゲットとする顧客は、商品・サービスの特色にマッチさせてできるだけ具体的に絞りこむことが有効です。

例えば、郊外の住宅地に近い立地の美容室であれば、「ヘアスタイルだけでなく、頭皮の健康も気にする近隣の40代以上の主婦」をターゲットとして、「最新のヘッドスパ装置を備えたアットホームな雰囲気でリラックスできる快適空間のプライベートなヘアサロン」など、できれば他とは一味違った特色をアピールできるとよいでしょう。

03　収益のしくみ（ビジネスモデル）

（1）ビジネスモデルの説明

　これまでにない新しい事業の場合には、ビジネスモデルを的確にわかりやすく説明することが必要です。ビジネスモデルとは、どのような仕入先・外注先を利用して、どのような顧客に対して、どのようなルートで商品・サービスを提供し、収益を上げるか、という事業の仕組みです。

　ビジネスモデルのタイプは様々ですが、取引先や顧客との関係、収益の流れを図表3－10のような図で表すと、わかりやすいでしょう。

●　図表3－10　ビジネスモデル（リサイクルショップの例）　●

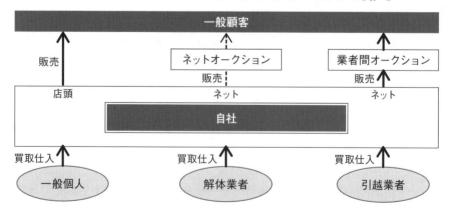

(2) ストック型かフロー型か

　ストック型のビジネスは契約等をもとにして、特定の顧客から毎月継続的に売上が上がるものです。賃貸アパート経営などは典型的なストック型といえます。一旦入居者が入れば、その分の家賃はある程度の期間安定して見込むことができます。

　それに対して、フロー型は単発的な販売や受注が中心の事業ですが、そのような事業でも継続的売上が見込める固定客や安定した取引先を獲得する仕組みができるとよいでしょう。

(3) 課金モデルか広告モデルか

　インターネット・サービス系ビジネスの場合は、エンドユーザーに課金して料金をもらうのか、ユーザーは無料にしてサイトの広告料収入で経営していくのかの違いがあります。

　広告モデルはユーザーが十分増えるまでは期待できず、時間がかかるため、初期の大きな赤字に一定期間耐えられるかどうか見極める必要があります。

(4) B to C事業（個人向け）かB to B事業（法人向け）か

　B to B事業の場合は、一般には個別の営業活動が必要です。また、顧客の意思決定に時間がかかるケースも多く、既存の人脈が活用できる場合はともかく、信用力の低い創業者にとっては不利な点が多くなります。営業プロセスも複雑で業界事情を踏まえた営業ノウハウも必要です。

(5) リアル店舗かネット販売か

　ネット販売の場合は、店舗が不要で店舗の設備投資や家賃も必要ありませんが、その代わり、購入から決済までインターネットを通じて、顧客の

手続きが完結できるようなWEBサイトのシステム構築が必要になります。
　ショッピングモールなどのポータルサイトに加入する場合と、独自の自社サイトで販売する場合があります。自社サイトだけでの販売では集客に限界があり、それなりの工夫と期間が必要です。

04 代金回収方法

　ビジネスは最終的に売上代金を回収して完結します。売上が上がっても実際に支払に使える現金収入にならなければ、資金繰りが回っていきません。事業計画を立てる場合にも、どのように代金回収をするのか事前に決めておくことが求められます。

(1) 店舗型BtoCビジネスでの代金回収

　小売・サービス業であれば、店頭での現金回収が原則です。ただし、業種や販売単価によっては、クレジットカードを使えるようにすることも必要でしょう。
　クレジットカード決済では、実質的にリスクなしで掛売りができますが、クレジットカード会社に払う手数料の分だけ利益が少なくなります。また、現金で代金が入金されるまで、販売から1、2ヵ月かかります。

(2) BtoBビジネスでの回収

　法人企業が顧客の場合は、顧客である相手先の支払条件にしたがって代金を回収するのが商慣習の通例です。したがって、数ヵ月分の売掛金が発生する場合が多いといえます。
　商品やサービスを提供した時点、つまり納品時点または顧客が検収した時点で売上計上することが会計の原則ですが、実務的には請求書発行時点とするケースも多いでしょう。

(3) インターネット販売での代金回収方法

インターネットでの販売を行う場合には、代金決済方法として、一般的には代引き、銀行振込、クレジットカード決済等の方法があります。いずれもメリット・デメリットがあり、顧客の利便性を第一に考えて複数の方法を用意することになります。

05 価格・料金と販売ルート

(1) 販売価格・料金の設定

価格や料金の決定は非常に重要です。リーズナブル路線にするのか、あるいは高級路線とするのか、商品・サービスの品質や顧客ターゲットとの整合性も大切です。

競合の製品・サービスがはっきりしている場合は、それを意識して決める必要があります。コストを下げて、少し低い水準にするのか、多少高めでも品質で勝負するのか、ということを考えた上で決定します。高すぎても売れず、低すぎても儲からない、ということになりますので慎重に決定し、事業計画書でその根拠を説明します。

(2) B to C事業の販売ルート

個人向けのビジネスの場合、通常はリアル店舗やネットショップを通じて販売することが多いでしょう。

店舗販売では、立地によって成否が決まるともいえます。良い立地は当然ながら家賃が高いので、それに見合った売上が十分上がるかどうかがポイントです。初期投資に余裕がないとリスクが大きくなります。

(3) B to B事業の販売ルート

B to B事業では、自社で直接エンドユーザーに営業を行う方法が中心になりますが、それだけでは限界があり、工夫が必要です。

独自性が高く商品力のある場合には、代理店を通じて販売することも1つの方法です。

しかし、エンドユーザーに直接販売する努力をしていないと、ユーザーのニーズが掴みにくく、製品・サービスの改良が遅れることになります。したがって、代理店販売を行う場合には、あくまで自社での営業を補完する位置づけで、複数の代理店を活用するのがよいでしょう。

(4) 紹介営業

創業の初期段階での販路開拓はどのように行うのか、事業計画書になるべく具体的に記載します。創業者の人脈に基づく紹介営業が期待できるのであれば、どのような販売先があり、何社くらいが候補となるのかなどについて具体的に記載できれば、実現性の点で評価があがります。

06 事業の実施体制

(1) 人材確保・人員計画

共同創業者や従業員として予定している人材がいる場合は、その人材の経歴や職歴が事業にどのように活かせるか記載します。

特に人手不足で人材確保が難しい状況では、従業員の採用がスムーズにできないと、創業計画に支障をきたす場合もあります。逆にすでにその心配がなく、採用が決まっている場合は事業の実現性の点で評価できます。

(2) 仕入先・外注先

仕入先、外注先など事業に必要な商品やサービス提供のもととなる取引先について、少なくとも候補先とその発注方法、仕入方法もなるべく具体的に記載しておきます。

(3) 事業パートナー

業種や事業内容によっては、外部の事業パートナーの力を借りる方法があります。信頼できる事業パートナーがいれば、事業のスピードを速めることができるでしょう。

販売・営業面でのパートナーとしては代理店制度があげられます。技術開発や仕入・外注に関しても、信頼できる取引先との協働ができれば、信用の補完にもなる上、事業の成長スピードにプラスになるでしょう。そのような事業パートナーやその候補がある場合は、具体的に記載します。

第6節
収支計画（数値計画）の作成

　事業計画書の中でも数字の計画の部分です。創業に必要な設備などの購入や創業後の売上や費用などの計画もすべて数字で表すことが必要です。
　収支計画は業績計画（損益計画）と資金計画の2つが必要です。

01 収支計画（数値計画）の構成

　事業計画書では収支計画の部分が必須です。収支計画には、業績計画と資金計画の2つが含まれます。創業融資の審査では、返済能力があるかどうかを見極めるために、この2つの計画を検証します。計画に無理がないか、計画通りに返済できる利益が上げられるか、という観点から事業計画書を読むため大事な部分となります。
　損益計算書の形式で月ごとの業績計画を立て、それをもとに年間計画を作成します。業績計画では創業当初は赤字となることが多いでしょう。しかしながら、資金計画上は資金残高が赤字（マイナス）になると、支払のための資金が不足することになりますので、そうならないように、余裕をもってカバーできる計画を作成します。
　図表3-11はカジュアルなフレンチ・レストランを創業する際の3年間の業績計画の例です。初年度は赤字ですが、2年目から黒字となる計画と

第6節 収支計画（数値計画）の作成

● 図表3-11 中期業績計画（フレンチ・レストランの例）●

(単位：千円)

		○年/12月期 第1期計画		○+1年/12月期 第2期計画		○+2年/12月期 第3期計画	
売上高		36,438	100.0%	51,630	100.0%	53,000	100.0%
	食事売上	29,150	80.0%	41,304	80.0%	42,400	80.0%
	飲料売上	7,288	20.0%	10,326	20.0%	10,600	20.0%
	食材仕入	8,745	24.0%	12,391	24.0%	12,720	24.0%
	飲料仕入	1,822	5.0%	2,582	5.0%	2,650	5.0%
売上原価		10,567	29.0%	14,973	29.0%	15,370	29.0%
売上総利益		25,871	71.0%	36,658	71.0%	37,630	71.0%
	人件費	7,800	21.4%	12,000	23.2%	12,000	22.6%
	家賃	7,200	19.8%	7,200	13.9%	7,200	13.6%
	広告宣伝費	900	2.5%	600	1.2%	600	1.1%
	水道光熱費	2,100	5.8%	2,400	4.6%	2,400	4.5%
	通信費	200	0.5%	240	0.5%	240	0.5%
	減価償却費※	3,980	10.9%	4,776	9.3%	4,776	9.0%
	リース料	300	0.8%	360	0.7%	360	0.7%
	備品消耗品費	530	1.5%	360	0.7%	360	0.7%
	その他経費	3,000	8.2%	3,000	5.8%	3,000	5.7%
販売費一般管理費		26,010	71.4%	30,936	59.9%	30,936	58.4%
営業利益		−139	−0.4%	5,722	11.1%	6,694	12.6%
営業外費用（支払利息）		420	1.2%	408	0.8%	312	0.6%
経常利益		−559	−1.5%	5,314	10.3%	6,382	12.0%
法人税等		70	0.2%	1,640	3.2%	2,234	4.2%
当期利益①		−629	−1.7%	3,674	7.1%	4,148	7.8%
償却前利益①＋※		3,351	9.2%	8,450	16.4%	8,924	16.8%

なっています。開店の準備段階から月ごとに作成した月次業績計画（図表3-12）をもとにして作成されています。なお、以下の計画例は四捨五入で表示しているため誤差が生じています。

02 業績計画（損益計画）の作成

(1) 月次計画の作成

　創業当初1、2年、少なくとも単月黒字に達するまでは、月ごとの月次計画を立てます。月次計画の合計が年間計画となります。業種や事業の性質にもよりますが、初年度全体でも赤字となることもあり得ます。

(2) 黒字転換時期の明示

　通常の事業であれば創業後6ヵ月以内をめどに単月黒字にできるのが望ましいでしょう。また、初年度全体で赤字となるとしても、2年目は確実に黒字達成となる計画とすべきです。黒字化に時間がかかれば、減価償却費分を除いて赤字累積分は資金不足となり、最悪資金繰りが破たんしてしまいます。

(3) 3年程度の中期計画

　投資家から資金調達をして、株式公開をめざすベンチャー企業の創業なら、5年間程度の計画が必要ですが、一般の創業融資の場合、3年程度の中期計画でよいでしょう。それ以上先まで計画を作成しても、逆に全体の信憑性が薄い印象になってしまいます。したがって、最初の1、2年分をしっかりと作成することが大事です。

　図表3-12はフレンチ・レストラン創業の月次計画の例です。1、2ヵ月目は開店準備費用がかかり、3ヵ月目に開店してから2ヵ月間は赤字、開店後3ヵ月目から黒字となる計画となっています。

　このうち売上高の計画は、客単価、回転率、客数の想定をもとにして作成されています（図表3-13参照）。

第6節　収支計画（数値計画）の作成

● 図表3－12　月次業績計画（フレンチ・レストランの例）●

(単位：千円)

	第1期・業績計画						第1期・業績計画		○年/12月期 第1期計画	
	1月	2月	3月	4月	5月		11月	12月		
売上高	0	0	2,696	2,995	3,168		4,158	4,633	36,438	100.0%
食事売上			2,157	2,396	2,534		3,326	3,707	29,150	80.0%
飲料売上			539	599	634		832	927	7,288	20.0%
食材仕入	給料や社会保険料		647	719	760		998	1,112	8,745	24.0%
飲料仕入			135	150	158		208	232	1,822	5.0%
売上原価	0	0	782	869	919		1,206	1,344	10,567	29.0%
売上総利益	0	0	1,914	2,127	2,249		2,952	3,290	25,871	71.0%
人件費	300	300	600	600	600		800	800	7,800	21.4%
家賃	600	600	600	600	600		600	600	7,200	19.8%
広告宣伝費	100	200	50	50	50		100	100	900	2.5%
水道光熱費	50	50	200	200	200		200	200	2,100	5.8%
通信費	0	0	20	20	20		20	20	200	0.5%
減価償却費	0	0	398	398	398		398	398	3,980	10.9%
リース料	0	0	30	30	30		30	30	300	0.8%
消耗品費	200	30	30	30	30		30	30	530	1.5%
その他経費	800	200	200	200	200		200	200	3,000	8.2%
販売費一般管理費	2,050	1,380	2,128	2,128	2,128		2,378	2,378	26,010	71.4%
営業利益	-2,050	-1,380	-214	-1	121		574	912	-139	-0.4%
営業外費用（支払利息）			42	42	42		42	42	420	1.2%
経常利益	-2,050	-1,380	-256	-43	79		532	870	-559	-1.5%

- 設備の償却は5年間程度で均等に計上
- 予備の費用も見込む
- 売上増にあわせてアルバイトを採用
- 前提として単価×客数を別表で示す
- 一定の原価率で仕入原価を計上

第3章　事業計画書の作成の仕方・読み方

03 売上計画（販売計画）

(1) 売上の内訳根拠の明示

業績計画のうち、最も難しく、かつ重要なのが売上計画です。単に全体でいくらの売上を上げる計画だといわれても、それが達成できるかどうかの判断は難しいといえます。そうなると、計画の実現性が十分評価されません。そこで、業種や事業の性質に応じて、商品別、主要顧客別、販売ルート別などの内訳に基づいて全体の売上計画の根拠を示すとよいでしょう（図表3－13参照）。

(2) 主要商品別販売計画のケース

複数の商品・サービスを取り扱う場合には、主な商品・サービスごとに販売計画を立てます。売上高＝単価×数量として計画します（図表3－14参照）。

(3) 主要顧客別販売計画のケース

BtoB事業などの場合、主要顧客別に販売計画を立てることも考えられます。特定の企業が販売先である場合に販売先の顧客別に計画する方が計画を立てやすいといえます。すでに販売先が決まっている場合などは社名も記載します。創業後に徐々に販売先を開拓・拡大していく計画であれば、1社当たりの想定売上高と、社数の計画をもとにして売上高計画とするのもよいでしょう（図表3－15参照）。

(4) 販売ルート別販売計画のケース

販売ルートが複数ある場合、それぞれ計画を立てます。例えば、リサイクルショップの場合は、店舗での販売、ネットオークションでの販売、

第6節 収支計画（数値計画）の作成

● 図表3-13 売上高の計画根拠（フレンチ・レストランの例）●

(単位：千円)

		開店前		開店後初年度						○年/12月期 第1期計画
		1月	2月	3月	4月	5月	10月	11月	12月	
売上高 ①×③×④				2,696	2,995	3,168	4,324	4,158	4,633	36,438
	食事売上　売上高×80%			2,157	2,396	2,534	3,459	3,326	3,707	29,150
	飲料売上　売上高×20%			539	599	634	865	832	927	7,288
【前提根拠】										
客単価 ①	ランチ/ディナー平均3,200円〜			3.2	3.2	3.2	3.3	3.3	3.3	3.3
回転率 ②	ランチ：0.7、ディナー：0.5〜			0.9	1.0	1.1	1.4	1.4	1.5	1.2
客数/1日 ③	席数36×回転率			32	36	40	50	50	54	44.2
営業日数 ④	週1日定休日（他1月、8月各3日）			26	26	25	26	25	26	253
月間客数	③×④			842	936	990	1,310	1,260	1,404	11,192

● 図表3-14 主要商品別販売計画（例）●

(単位：千円、個)

		単価	商品別計画								○年/12月期 第1期計画	
			1月	2月	3月	4月	5月	10月	11月	12月		
売上高	A商品	50	2,500	2,500	2,500	5,000	5,000	10,000	10,000	10,000	75,000	46.3%
	B商品	30	3,000	3,000	3,000	3,000	3,000	6,000	6,000	6,000	54,000	33.3%
	C商品	15	1,500	1,500	1,500	1,500	1,500	1,500	1,500	1,500	18,000	11.1%
	その他	5	1,000	1,000	1,000	1,000	1,000	1,500	1,500	1,500	15,000	9.3%
	合計	−	8,000	8,000	8,000	10,500	10,500	19,000	19,000	19,000	162,000	100.0%
販売数量	A商品	−	50	50	50	100	100	200	200	200	1,500	20.0%
	B商品	−	100	100	100	100	100	200	200	200	1,800	24.0%
	C商品	−	100	100	100	100	100	100	100	100	1,200	16.0%
	その他	−	200	200	200	200	200	300	300	300	3,000	40.0%
	合計	−	450	450	450	500	500	800	800	800	7,500	100.0%

● 図表3-15 主要顧客別販売計画(例)●

(単位:千円)

	顧客別・販売計画								○年/12月期	
	1月	2月	3月	4月	5月	10月	11月	12月	第1期合計	(比率)
A社	2,000	2,000	2,000	2,000	2,000	3,000	3,000	3,000	30,000	43.2%
B社			1,400		1,400		1,400		7,000	10.1%
C社		800	800	800	800	800	800	800	8,800	12.7%
D社				600	600	1,200	1,200	1,200	7,200	10.4%
E社				300	300	300	300	300	2,700	3.9%
その他	600	600	600	800	800	2,000	2,000	2,000	13,800	19.9%
合計	2,600	3,400	4,800	4,500	5,900	7,300	8,700	7,300	69,500	100.0%

● 図表3-16 販売ルート別・販売計画(例)●

(単位:千円)

	販売ルート別・販売計画								○年/12月期	
	1月	2月	3月	4月	5月	10月	11月	12月	第1期合計	(比率)
店頭	2,000	2,000	2,000	2,000	2,000	3,000	3,000	3,000	30,000	64.1%
ネット				200	200	400	400	500	3,000	6.4%
業者向け	600	600	600	800	800	2,000	2,000	2,000	13,800	29.5%
合計	2,600	2,600	2,600	3,000	3,000	5,400	5,400	5,500	46,800	100.0%

WEBサイトでの販売、同業者への一括販売など、それぞれ計画するということです。

　小売と卸売の両方を行う場合なども、それぞれ計画した方がよいでしょう。粗利益率(原価率)が異なる場合には、販売ルート別で計画する方が粗利益の計画も実態に近いものにすることができます(図表3-16参照)。

04 業種に応じた売上高計画の立て方

(1) 物販店のケース

　客単価と購入客数をそれぞれ想定し、掛け合わせて計画します。商品部

門が複数の場合はそれぞれ計画してもよいですが、あまり細かい計画を立てても、開店してみるまでは売上は予測しにくく、意味は薄くなります。

月間売上高 ＝ 客単価 × 購入客数 × 営業日数

(2) 飲食店のケース

飲食店は店舗の座席数が決まっていますので、客単価を想定した上で席数と回転率を掛けて1日の売上高を計画します。休日と平日で客数に差が大きい場合にはそれぞれ別に計画するか平均の数字で計画します。客単価は同業や競合店舗との比較や自店のメニュー構成をもとに想定します。

月間売上高 ＝ 客単価 × 席数 × 回転率 × 営業日数

昼（ランチ）と夜（ディナー）ではメニューも別にすることが多く、メインの夜に比べて昼は客単価が低くなるでしょう。昼も営業する場合は、夜とは別に客単価、回転率を想定して計画するか、昼と夜の割合を加味した平均を用いて計画すると実際に近くなります。

05 売上計画作成のその他留意点

(1) 創業後の月次売上推移

月次計画では、売上高が徐々に増加していくことになるでしょう。創業前から広告宣伝や紹介営業を行い、見込客がある程度確保できたとしても、最初から黒字となる売上高を上げられるケースは多くはありません。

顧客が増えて、売上高が増えていく速さは業種や事業内容によって異なります。BtoBや今までにない新しい事業では顧客開拓にある程度時間がかかるケースが一般的です。

(2) 売上の季節性や広告イベント効果の織り込み

　1年間を通して売上高に季節性が関係ない事業もありますが、季節や時期によって需要が増えたり減ったりする場合には、それを織り込んだ月次計画とした方が現実的でしょう。

　例えば、居酒屋であれば、12月の宴会シーズンが売上のピークになります。また、法人向けビジネスでは年度の初めはまだ予算が確定していない等の理由で4月の売上が少ない例もあります。

06　売上原価（粗利益）の計画

　基本は売上計画（販売計画）に合わせて商品別、顧客別などに分けて作成します。ただし、商品別や顧客別で原価率に差がない場合は、一定の原価率（売上高に対する原価の割合）を用いて計画しましょう。

　売上原価は売上を上げるために直接かかる費用で、売上高に比例する変動費です。主に原材料や商品の仕入れ、外注費などが該当します。製造業などの現場の人件費は、会計上原則として原価に含めますが、人件費は基本的には固定費ですので、計画では原価には含めなくてよいでしょう。

　変動費である売上原価の計画は、売上高の計画に合わせて、対応する売上高×一定の原価率として計画します。

07　販売費・一般管理費、その他経費の計画

(1) 人件費

　人件費は少なくとも一定期間は売上と関係なく、毎月定額がかかるものです。また、売上の増加に合わせて従業員を増やす場合も、当然ながら人

件費の計画に反映させます。

会社の場合には、人件費に給料以外に社会保険料も見込んでおく必要があります。具体的には厚生年金保険、健康保険、雇用保険、などの保険料です。事業主である会社と従業員本人が折半で支払うのが原則となります。給与に対して社会保険料合計で概ね15％相当額を法定福利費として人件費の計画に加えます。

(2) 家賃の計画

店舗やオフィスの家賃は固定費ですが、人員が増加するとオフィスが狭くなるため、引っ越しで家賃が増加することを計画に見込む必要があります。２店舗目以降の店舗を出店する計画でも当然その分増加します。

(3) 減価償却費

店舗の造作など内装工事費用、機械装置、車両等は、少なくとも数年間以上使用しますので、その耐用年数で分割して減価償却費を費用計上します。

費用の計画では、設備の場合は５～10年間で毎年購入額の５分の１～10分の１の金額を減価償却費として計画にいれます（設備の種類によって耐用年数は異なる）。なお、敷金、入居保証金などの権利金で将来返還されるもの、土地等の価値が減少しないものについて減価償却は行いません。貸借対照表に資産として取得金額が計上され、費用にはなりません。

(4) その他経費の計画

経費は発生する可能性のあるものを漏れなく計画に入れておきます。すべては予測しにくいため、「その他」としてまとめて計画しておくとよいでしょう。

● 図表3-17　人員増加に連動して増加しやすい経費の例 ●

人件費	給与、法定福利費、福利厚生費
旅費交通費	通勤交通費、その他の交通費
通信費	会社負担の携帯電話料など
備品・消耗品費	パソコン、事務用品、その他

　借入金の支払利息は、借入金の元金返済がすすむにつれて減っていきます。1ヵ月間の支払利息は厳密には日数で計算しますが、計画上では、借入金元金残高×金利（％）÷12として計算すればよいでしょう。

　法人の場合、法人税が最終的な利益に対して課税されます。したがって赤字の場合は課税されません。ただし、赤字でも70,000円の法人住民税（均等割）がかかりますので期末月の計画に入れます。

　法人税は会社が黒字になった後、繰越損失がなくなった段階からかかります。1年目から黒字の場合には最初から計画に入れておく必要があります。利益の35％程度をみておけばよいでしょう。

　会社ではなく個人事業の場合には、最終的に残る利益が事業主の報酬になります。赤字であれば、その間の報酬はゼロということです。

第7節
資金計画の作り方

業績計画（損益計画）ができたら、次に資金計画を作成します。資金計画がないと、自己資金で足りるのか、いくら借入金が必要なのかわかりません。創業してからも、最悪いつまでに黒字にならないと資金が不足するのか、借入金返済が可能か等も資金計画を作ってみることで確認できます。

01 創業時の資金計画

（1）創業資金の使途

創業時（創業準備段階も含む）に必要な資金を、設備資金と運転資金の2つに分けて、漏れなく計上することがポイントです。

（2）設備資金

設備資金は店舗やオフィスの敷金、入居保証金や造作などの内装工事費用、飲食店であれば厨房設備やテーブル・椅子など什器・備品類等です。コンピュータや機械・装置類を購入する費用も設備資金です。

また、社内業務やサービスに用いるシステム開発費用も設備投資に入ります。このような一時的に消費してしまう費用ではなく、その後も資産として貸借対照表に計上して、何年かに渡って使い続けるものの購入費用が

● 図表3-18 設備資金・運転資金の例 ●

設備資金	運転資金
【店舗関連】 ・入居保証金、敷金 ・造作・内装工事、看板 ・設備装置・機器・什器 【その他】 ・コンピュータ、OA機器購入 ・家具・その他備品 ・営業用車両購入、権利金	【仕入資金】 ・原材料、商品仕入代金 ・外注費支払 【その他】 ・人件費支払、家賃支払 ・その他経費支払 ・少額備品購入 ・リース料、保険料、手数料

設備資金になります。

(3) 運転資金

運転資金は仕入代金や、人件費、家賃などの経費です。通常、創業前後3～6ヵ月分程度の間の支払予定金額を運転資金として計上します。

(4) 創業資金の調達原資

個人事業の場合は元入金、会社の場合は資本金が自己資金にあたります。自己資金が多い方が計画通りに売上が上がらない場合など、不測の事態にもリスクは少なくなります。

創業融資申込みの際には、この自己資金がどのくらいあるか、が非常に重要な審査ポイントです。自己資金の割合が多いほどリスクが少ないからです。逆に借入金が多いほど、計画通りに進まなかった場合のリスクが大きいといえます。

創業融資申込みの場合、必要資金の50％以上が自己資金であることが理想です。できれば、創業時に必要な資金の3分の1以上の自己資金を確保したいところです。

自己資金には、創業者の預貯金等以外にも、親族からの支援も計算に入

● 図表3－19　創業時の必要資金（フレンチ・レストランの例）●

(単位：千円)

必要資金		調達方法	
設備資金		自己資金	
入居保証金	3,600	貯金	8,340
内装工事	18,000	退職金	5,000
看板・外装他	1,000	親族からの出資	3,000
厨房機器	12,000	売上収入（2ヵ月）	5,000
椅子テーブル	2,400		
食器他備品	800		
小計	37,800	小計	21,340
運転資金		借入金	
食材・飲料仕入	1,650	制度融資	15,000
人件費	1,800	その他	10,000
家賃	2,400		
水道光熱費	500		
少額備品・消耗品	290		
その他経費	1,900		
小計	8,540	小計	25,000
合計	46,340	合計	46,340

れてよい場合があります。

02　創業後の資金計画

　現金ベースでの収入と支出の予定を示す資金計画は重要です。損益計算書には現れない設備資金の支払や借入とその返済も含めお金の出入りや過不足を見るためです。

　支払、資金の流出と回収、資金の流入のタイミングが、業績計画上の損益（収益と費用）計上のタイミングと異なることも、作成が必要な理由です。

　売掛金や在庫の増加を別にすれば、減価償却前の段階での利益が借入金

元金返済額を上回れば、返済に支障はないことがわかります。

03 収入項目

売上計画をもとに作成します。現金収入が主体の一般個人向けの小売業や飲食・サービス業については、その月の売上高＝収入としてもよいでしょう。高級品を扱う店舗や客単価が1万円を超えるような高級飲食店の場合には一定割合をクレジットカード売上として翌月以降の収入にします。

BtoBの事業で、顧客が法人の場合は、基本的に販売した後に請求書を発行し、翌月以降に相手の支払条件に応じて支払を受けるという流れになります。したがって、1、2ヵ月は売掛金となり、入金は翌月または翌々月にずれることがあります。

04 支出項目

（1）設備資金支出

創業時の店舗の入居保証金や内装工事代金などの設備資金については、まとめて創業までの資金の支出に計上するか、支払う月の支出に計上します。

（2）売上原価の支出

原材料や商品の仕入れ、外注費などの売上原価については、毎月1ヵ月分を締めて翌月以降に仕入先に支払う場合が多いでしょう。その場合、厳密には、業績計画（損益計画）で立てた売上原価の計画とずらして実際に支払う翌月に計上します。

第7節 資金計画の作り方

● 図表3-20 資金計画（フレンチ・レストランの例）●

(単位：千円)

			月次資金計画							○年/12月期
			1月	2月	3月	4月	10月	11月	12月	第1期計画
収入	売上収入				2,696	2,995	4,324	4,158	4,633	36,438
	営業収入合計	①	0	0	2,696	2,995	4,324	4,158	4,633	36,438
支出	仕入支出				782	869	1,254	1,206	1,344	10,567
	人件費		300	300	600	600	800	800	800	7,800
	家賃		600	600	600	600	600	600	600	7,200
	広告宣伝費		100	200	50	50	50	100	100	900
	水道光熱費		50	50	200	200	200	200	200	2,100
	通信費		0	0	20	20	20	20	20	200
	リース料		0	0	30	30	30	30	30	300
	備品消耗品費		200	30	30	30	30	30	30	530
	その他経費		800	200	200	200	200	200	200	3,000
	支払利息				42	42	42	42	42	420
	営業支出合計	②	2,050	1,380	2,554	2,641	3,226	3,228	3,366	33,017
	入居保証金			3,600						3,600
	内装工事			18,000						18,000
	設備機器・什器他			16,200						16,200
	設備支出小計	③	0	37,800	0	0	0	0	0	37,800
営業/設備収支 ①-②-③		④	-2,050	-39,180	142	355	1,098	930	1,268	-34,379
財務	出資		16,500							16,500
	借入金			25,000						25,000
	借入金返済									0
	財務収支	⑤	16,500	25,000	0	0	0	0	0	41,500
収支合計④+⑤		⑥	14,450	-14,180	142	355	1,098	930	1,268	7,121
前月末資金残高		⑦	0	14,450	270	412	3,825	4,923	5,853	0
当期末資金繰越 ⑥+⑦		⑧	14,450	270	412	767	4,923	5,853	7,121	7,121

- 業績計画には表れない
- 必ずプラスにする
- 現金商売の場合、業績計画と同じ
- 元年一年据置の計画
- 減価償却費以外は業績計画と同じ

(3) 経費の支出

　家賃、人件費やその他の経費については、業績計画（損益計画）と同じ月の支出としましょう。設備の減価償却費については、業績計画では使用する耐用年数に渡って費用として計上しますが、実際には資金の流出は発生しませんので支出からは除きます。

　代金受領や経費支払とも現金主体の飲食業や小売業の場合には、業績計画から減価償却費を除いたものを資金計画とすればよいでしょう。

(4) 運転資金の計上

　在庫を数ヵ月分まとめて仕入れる場合などは、その仕入の計画に合わせて、支出を計画に計上します。その場合には在庫の残高も計画上で管理しておく必要があります。

05 借入金返済計画

　主に借入金の実行による収入とその返済による支出の計画です。資金計画と一体として計画します。

　借入金が不要で自己資金だけで創業する計画の場合でも、売上や利益が計画通りにいかない場合に資金不足が生じる可能性があります。創業支援融資の制度上では、創業後でも一定期間内であれば借入申込資格はありますが、創業時点である程度余裕をもって融資を行うことを検討すべきでしょう。

　創業融資は通常、最大1年間程度は元金据置を選択できます。創業当初の売上が少なく不安定な期間は、金利支払だけで元金据置きとして、返済開始は6ヵ月後または1年後からとするのが安全です。

06　繰越資金残高

　資金計画では、月ごとの収支の結果、手元資金（現預金）の残高がいくらになるのかを資金計画表に示す必要があります。

　創業融資の場合は、繰越資金残高をよく見る必要があります。資金残高が少なくなるようでは資金計画に無理があります。逆に余裕がありすぎても融資金額の必要性が疑われる場合があるので注意が必要です。

第8節 第二創業の事業計画書作成

事業承継に伴う第二創業の場合の事業計画書のポイントについて説明します。新規事業の部分は一般の創業と同じですが、既存事業をどうするかもポイントです。負の遺産として処理するケース、新規事業に活かせるものを活かすケースなどがあります。

01 第二創業計画のポイント

（1）第二創業の定義と意義

　第二創業とは、既存の会社が事業承継によって、経営者が交代すると同時に、その後の事業の柱として新規事業を新たに起こすことをいいます。条件を満たせば、創業融資や創業補助金の対象にもなりますので、金融機関としても積極的に支援したいところです。

（2）第二創業における新規事業の選択

　第二創業としての事業によって、既存事業のノウハウや、経営資源を活かせる場合には、リスクが比較的少なく、一般には望ましいといえます。既存事業を継続する場合には相乗効果も期待できるでしょう。
　例えば、牛乳販売店は地域での顧客への配達力が経営資源としてあるわ

けですが、それを活かして有機野菜の宅配を始める場合等です。配達力だけではなく、元々の配達先に有機野菜の営業もでき、それが相乗効果になります。

一方、既存事業での顧客、ノウハウや経営資源が新規事業に全く活用できない事業での第二創業の計画は、ゼロからの創業と同じです。過去の債務が残っていたり、会社に繰越損失があったりする場合はマイナスからのスタートになりますので、新規事業にはその分さらに確実性が求められることになります。

(3) 新規事業検討のフレームワーク

第二創業で行う新規事業を何にするか検討する場合に事業拡大マトリックスというフレームワークを応用できます。

市場（顧客）と製品の軸に沿って、どちらも新規とする多角化、既存の市場（顧客）に対して新しい製品・サービスを提供する方法、逆に既存の製品・サービスを新規の市場（顧客）に展開する方法を考える、ということです。このうち、既存事業との相乗効果を期待できるのが、市場（顧客）か製品・サービスのどちらか一方をもとにした新規事業への拡大です。

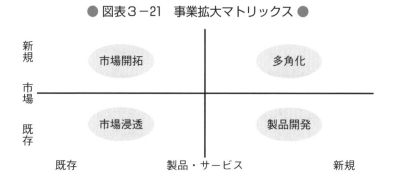

● 図表３−21　事業拡大マトリックス ●

(4) 財務内容の改善

既存事業において借入金が過大の場合、それをどう返済していくのか、がポイントになります。

新規事業に新たな借入が必要だとしても、以前からの借入金が返済猶予を受けていたり、すでに借入過大であったりすれば、新規の融資は難しいかもしれません。そこで、遊休資産や第二創業に伴って使用しなくなる既存事業の資産の一部を売却して借入を削減するなどの財務内容の改善を提案しましょう。

02 第二創業の事業計画書の書き方

(1) 既存事業の経緯と負の遺産の解消

既存事業を継続する場合は、既存事業と新規事業のそれぞれの採算がわかるような仕組みが必要です。

既存事業が赤字だった場合には、続ける理由や前提条件、改善策等も求められます。また、既存事業での繰越損失や債務超過状態、借入金などの負の遺産がある場合があります。それを新規事業での収益も含めてどのように解消していくかが計画に盛り込まれている必要があるでしょう。

(2) 確実な事業承継と後継者について

事業の承継が完了しておらず、一部でも経営権を先代経営者が持ったままだと、問題が起こる場合があります。第二創業では後継者に対して、事業承継が確実に行われることが前提になります。また、後継者について先代経営者との関係や事業承継の経緯、本人の経歴や転歴、強みや得意分野、第二創業への想いなども記載しておくとよいでしょう。

(3) 既存の経営資源と顧客基盤の活用

店舗や従業員などの既存事業の経営資源が活用できる場合は、第二創業の利点が活かせるケースといえるでしょう。

既存事業の顧客をそのまま引き継いで新規事業に活用できるケースも有利です。取引先開拓がゼロからのスタートではないためです。新しい事業のターゲットが既存事業の顧客と重複するケースでは既存の顧客基盤が活かせることになり、有利といえますので、その旨を事業計画書にも記載します。

(4) 新規事業の計画内容

新規事業の部分については、一般の創業の場合と特に変わるところはありません。事業内容とビジネスモデルの特色と優位点、ターゲット顧客と販売ルートやパートナー等について、漏れのないように記載してください。

(5) 収支計画のポイント

既存事業が残っている場合には、第二創業の対象となる新規事業と売上高や費用を分けて計画することがポイントです。

人件費や販売費・一般管理費を既存事業と新規事業で分別するのは難しいところがありますが、少なくとも売上原価は分けて計画すべきでしょう。また、複数の従業員の担当が分かれている場合の人件費なども既存事業とは別に計画するべきです。

既存事業とは別に収支計画を立てることで新規事業の効果が明確になり、実際に第二創業を果たした場合にも、その後の実績管理や軌道修正に役立てることができます。

第9節 業種別事業計画書の事例

業種別に事業計画書の事例を記載します。業種によって異なる特色やチェックポイントなどを確認しながら、事業計画書を作成する際の参考にしてください。

01 飲食業（焼き鳥店）

　飲食店は競争が激しく、開業後短期間で閉店に追い込まれるケースもあります。事業計画書は創業者の飲食業経験、店舗の立地や業態、メニューの特色など総合的な見地からチェックされる想定で作成します。

（1）業種の特色

・飲食店は競争が激しく、開業後短期間で閉店も多い
・立地に集客が左右されるが、良い立地ほど家賃負担が大きい
・特色ある料理や目玉メニュー等、こだわりが不可欠
・店舗内装や厨房設備一定の設備投資がかかる

（2）チェックポイント

・客層のターゲットは立地に合っているか
・どのように集客をするのか

第9節 業種別事業計画書の事例

● 図表3-22 業績計画・創業時資金計画の例 ●

(単位：千円)

	第1期計画		第2期計画	
売上高	36,960	100.0%	50,820	100.0%
食材・酒類仕入	11,088	30.0%	15,246	30.0%
売上原価	11,088	30.0%	15,246	30.0%
売上総利益	25,872	70.0%	35,574	70.0%
人件費	14,400	39.0%	16,800	33.1%
家賃	3,000	8.1%	3,000	5.9%
広告宣伝費	600	1.6%	900	1.8%
水道光熱費	2,400	6.5%	2,600	5.1%
通信費	240	0.6%	240	0.5%
減価償却費	1,780	4.8%	1,780	3.5%
消耗品費	300	0.8%	240	0.5%
その他経費	2,500	6.8%	2,700	5.3%
販売費一般管理費	25,220	68.2%	28,260	55.6%
営業利益	652	1.8%	7,314	14.4%
支払利息	100	0.3%	100	0.2%
経常利益	552	1.5%	7,214	14.2%

必要資金		調達方法	
設備資金		自己資金	
入居保証金	2,000	貯金	9,600
内外装工事	7,500		
厨房設備	2,800		
什器・レジ他	2,000		
食器他備品	300		
小計	14,600	小計	9,600
運転資金		借入金	
食材・飲料仕入	800	制度融資	10,000
人件費	1,500		
家賃	500		
水道光熱費	200		
消耗品等	500		
その他経費	1,500		
小計	5,000	小計	10,000
合計	19,600	合計	19,600

月間売上高前提

客単価	3.5	3.5
回転率	0.8	1.1
客数（席数44）	35	48
営業日数	25	25
売上高	3,080	4,235

月間経費前提

人件費	1,200	1,500
家賃	250	250
減価償却費	148	148
その他経費	503	557
経費合計	2,101	2,455

特色・優位点
- 居酒屋激戦地区で安い店が多い駅前商店街で、最寄り駅から徒歩2分に立地
- モノトーンを中心にした内装のおしゃれな落ち着いた雰囲気の店内で個室も備える
- 平均単価3,500円とリーズナブルながら、素材にこだわった鳥と野菜中心のヘルシーなメニューが特色

ターゲット
- 20～30代の若い女性、カップルがターゲット
- 焼鳥店ながら、近隣と差別化図るべく、男性サラリーマン等でなく、あえて若い女性をターゲットとする

創業者略歴・経緯
- 高校卒業後、アルバイト、紙製品問屋の営業担当として8年間勤務、その後転職し、居酒屋に接客担当として2年間勤務
- 今般、居酒屋で店長勤務経験のある友人とともに会社設立し、創業

02 小売業（洋菓子店）

　洋菓子店は、店内でケーキ類を作るための厨房設備や冷蔵ショーケースなど店舗用の設備投資がかかり、開業資金がかさむので、ある程度まとまった自己資金の用意が必要です。

　販売面では、他の小売業と同様、店舗の立地が重要です。洋菓子は贈答用の購入も多いので、一般には昇降客の多い駅近くなどの立地が適しています。季節感を出した商品展開や店舗装飾で集客をはかることも計画に入れるとよいでしょう。

　また、商品の味や見た目だけでなく、ブランドイメージにも単価や利益が左右されるため、店舗内装や店名、包装資材も含めた工夫が求められます。イメージアップの工夫が事業計画書に記載されているか確認します。

（1）業種の特色

> ・開業には製造設備や冷蔵ショーケースなど設備投資がかかる
> ・パティシエ（ケーキ職人）としての腕によって有名店になれれば、広範囲からの集客が可能
> ・贈答用購入も多いため、昇降客の多い駅近くなどの立地が適する

（2）チェックポイント

・立地環境、ターゲットはどうか
・商品・品揃えに特色はあるか
・価格帯は立地やターゲットにマッチしているか
・広告・集客方法はどうするか

図表3-23 業績計画・創業時資金計画の例

(単位:千円)

	第1期計画		第2期計画	
売上高	37,800	100.0%	46,200	100.0%
原材料仕入	15,120	40.0%	18,480	40.0%
売上原価	15,120	40.0%	18,480	40.0%
売上総利益	22,680	60.0%	27,720	60.0%
人件費	10,800	28.6%	12,000	26.0%
家賃	3,000	7.9%	3,000	6.5%
広告宣伝費	600	1.6%	600	1.3%
水道光熱費	2,400	6.3%	2,400	5.2%
通信費	240	0.6%	240	0.5%
減価償却費	4,100	10.8%	4,100	8.9%
備品消耗品費	360	1.0%	360	0.8%
その他経費	1,000	2.6%	1,200	2.6%
販売費一般管理費	22,500	59.5%	23,900	51.7%
営業利益	180	0.5%	3,820	8.3%
支払利息	100	0.3%	100	0.2%
経常利益	80	0.2%	3,720	8.1%

必要資金		調達方法	
設備資金		自己資金	
入居保証金	1,250	貯金	10,500
内外装工事	16,000	有価証券	5,000
厨房設備	12,500	親族から	8,000
その他		の借入金	
		(無利息、	
		2年後よ	
		り返済)	
小計	29,750	小計	23,500
運転資金(1ヵ月)		借入金	
材料・資材仕入	1,000	制度融資	10,000
人件費	1,280		
家賃	250		
水道光熱費	200		
消耗品	20		
その他経費	1,000		
小計	3,750	小計	10,000
合計	33,500	合計	33,500

月間売上高前提

客単価	1.4	1.4
1日購入客数	90	110
営業日数	25	25
売上高	3,150	3,850

月間経費前提

人件費	900	1,000
家賃	250	250
減価償却費	342	342
その他経費	400	400
経費合計	1,892	1,992

特色・優位点

- 主要な最寄り駅から徒歩15分の街道沿いに立地し、近隣は商店街および住宅地である
- デザインにもこだわった1個350～400円前後のリーズナブルな価格で、日常の自宅用が中心
- 季節のイベント向け商品の展開に合わせて店内装飾を実施
- 贈答用に日持ちのするオリジナル焼き菓子セットを販売

ターゲット

- 半径1キロ以内の近隣住宅街に住む家庭

創業者略歴・経緯

- 高校、洋菓子専門学校を卒業後、洋菓子店に14年間勤務。そのうち最後の6年間は老舗の有名店に勤務し、うち4年間は店長を勤めた

03 サービス業（美容室）

　美容室は全国に23万軒あまりの施設があり、もともと競争の激しい業界です。近年は、特に低料金チェーン店の多店舗展開により、地域によっては競合状況がさらに激しくなっています。

　売上高のもとになる集客人数は、美容師の技術、接客力によって差がつきます。創業者の勤務時代の指名顧客の数が独立開業後の顧客確保にも影響するので、独立する段階で、指名客が何人ぐらいいるのかによって開業当初の売上が左右されます。

　そこで、立地としては、勤務時代の店舗の指名顧客が通える範囲が望ましいとされます。また、立地環境にマッチした料金設定や設備内容が計画されていることも必要です。

（1）業種の特色

- 競争の激しい業界。特に低料金チェーン店の多店舗展開により、地域によってはさらに競合が激しい
- 美容師の技術、接客力により、指名顧客の人数に差がつく
- 勤務美容師時代の指名顧客数が独立開業後の顧客確保に影響する

（2）チェックポイント

- 技術力はあるか、美容師としての経験はどの程度あるか
- 確実に来店してくれるお客さまは何人くらいいるか
- 立地環境に合ったターゲットを選定しているか
- 必要な設備は計画されているか
- ターゲット、立地に合った価格・料金水準か

図表3-24 業績計画・創業時資金計画の例

(単位:千円)

	第1期計画		第2期計画	
売上高	12,960	100.0%	18,144	100.0%
材料・資材費	1,944	15.0%	2,722	15.0%
売上原価	1,944	15.0%	2,722	15.0%
売上総利益	11,016	85.0%	15,422	85.0%
人件費	3,600	27.8%	6,000	33.1%
家賃	2,400	18.5%	2,400	13.2%
広告宣伝費	500	3.9%	500	2.8%
水道光熱費	100	0.8%	100	0.6%
通信費	240	1.9%	20	0.1%
減価償却費	1,090	8.4%	1,090	6.0%
消耗品費	360	2.8%	360	2.0%
その他経費	600	4.6%	900	5.0%
販売費一般管理費	8,890	68.6%	11,370	62.7%
営業利益	2,126	16.4%	4,052	22.3%
支払利息	40	0.3%	40	0.2%
経常利益	2,086	16.1%	4,012	22.1%

必要資金		調達方法	
設備資金		自己資金	
入居保証金	1,200	貯金	5,000
内装工事	7,000	親族から	3,000
看板・外装他	500	の支援	
椅子・	500		
シャンプー台			
什器・備品	1,200		
小計	10,400	小計	8,000
運転資金		借入金	
材料仕入	300	制度融資	4,000
人件費	400	その他	
家賃	400		
水道光熱費	150		
少額備品・消耗品	250		
その他経費	100		
小計	1,600	小計	4,000
合計	12,000	合計	12,000

月間売上高前提

客単価	9	9
1日客数	5	7
営業日数	24	24
売上高	1,080	1,512

月間経費前提

人件費	300	500
家賃	200	200
減価償却費	91	91
その他経費	100	120
経費合計	691	911

特色・優位点
- 富裕層が比較的多い地域の最寄駅から徒歩5～6分の立地
- 高級感のある個室美容室で、1日当たりの客数を限定
- ヘアスタイルは造形心理学に基づいて、1人ひとりにマッチしたスタイルを提案、リラックスできるラグジュアリーな癒しの空間を提供する

ターゲット
- 近隣に住む比較的富裕層の30～50代のOL、主婦
- ヘアスタイルだけでなく、頭皮の健康にも関心が高い女性

創業者略歴・経緯
- 美容専門学校を卒業後、美容室チェーンにて美容師として3年間勤務
- その後、地元の美容室にて9年間勤務、そのうち最後の5年間は店長として店舗のスタッフ採用、指導も任される。自分の指名客も400名に達した
- 今般、前勤務店から徒歩10分程度の立地で独立開業

04　IT関連業（ホームページ制作業）

　ホームページ制作のニーズは、企業から個人事業主にまで広がっていますが、必要な初期投資が少なくてすみ、低予算、低リスクで開業できるため、多数の業者が乱立しています。その結果、競争も激しいといえます。
　そこで、デザイン力や技術力があったとしても、どのように広告宣伝や営業活動を行って顧客を集めるかが課題になります。
　顧客の最終的目的は、ホームページからの集客によって売上が上がることですので、SEO対策やWEB広告への対応など、実際に成果の上がるホームページ制作と運用のノウハウも求められる傾向にあります。事業計画書では、勤務時代も含めた制作実績をうまくアピールすることと、集客対策についても具体的に記載することが求められます。

（1）業種の特色

> ・特別な設備は不要で小資本で開業できる
> ・デザインだけでなく、SEO対策についての知識など、成果の上がるホームページ制作のノウハウが求められる傾向にある
> ・ホームページ制作は大小参入が多いため、価格競争になりやすく、自社のアピール点を明確にすることがポイント

（2）チェックポイント

・デザイン力はあるか（過去の制作実績）

・SEO対策ができるか

・強み・特色は何か

・販売促進、営業方法はどうするか

・料金水準は妥当か

図表3-25　業績計画・創業時資金計画の例

(単位：千円)

	第1期計画		第2期計画	
売上高	7,200	100.0%	9,000	100.0%
外注費	1,440	20.0%	1,800	20.0%
売上原価	1,440	20.0%	1,800	20.0%
売上総利益	5,760	80.0%	7,200	80.0%
人件費	2,400	33.3%	2,400	26.7%
家賃	1,200	16.7%	1,200	13.3%
広告宣伝費	300	4.2%	300	3.3%
水道光熱費	360	5.0%	360	4.0%
通信費	240	3.3%	240	2.7%
減価償却費	180	2.5%	180	2.0%
消耗品費	240	3.3%	240	2.7%
その他経費	400	5.6%	200	2.2%
販売費一般管理費	5,320	73.9%	5,120	56.9%
営業利益	440	6.1%	2,080	23.1%
支払利息	15	0.2%	15	0.2%
経常利益	425	5.9%	2,065	22.9%

月間売上高前提

受注単価	300	300
受注件数	2.0	2.5
売上高	600	750

月間経費前提

人件費	200	200
家賃	150	150
減価償却費	15	15
その他経費	157	
経費合計	522	365

必要資金		調達方法	
設備資金		自己資金	
入居保証金	600	貯金	1,080
PC機器・ソフト	600		
什器・備品	300		
小計	1,500	小計	1,080
運転資金		借入金	
人件費	400	制度融資	1,500
家賃	200		
水道光熱費	60		
消耗品費	40		
その他経費	380		
小計	1,080	小計	1,500
合計	2,580	合計	2,580

特色・優位点

・落ち着いたクオリティの高いデザインが特色
・最新のWEB技術に精通し、基本的なSEO対策も対応可能
・顧客の事業や商品などの特色にマッチしたホームページの制作、「儲かるホームページ制作」を理念とする

ターゲット

・新規に創業する個人事業主、中小企業
・ホームページを費用をかけずに構築し、手間がかかっても自分で修正やコンテンツ追加をしたい顧客がターゲット

創業者略歴・経緯

・大学卒業後、大手IT企業にSEとして9年間、WEBシステム開発会社に5年間勤務。その間、受発注管理、物流管理、流通業向けWEBシステムの開発等に従事
・仕事とは別に副業として個人でアプリ制作等を行う
・勤務先を退社し、WEBデザインの専門学校に通い、独立準備を開始

05 医療・福祉（介護デイサービス施設）

　介護施設は、高齢化に伴って需要拡大中の事業ですが、新規参入も多く、競争が激化しつつあるといえます。

　設備や要員について法律で開設要件が定められているため、許認可取得へ向けた事前協議の進捗や開設予定日を事業計画書にも明確に記載します。

　立地の良し悪しよりも、高齢者を紹介してくれる地域のケアマネージャーとのつながりなどが集客に影響するため、集客方法についての具体的計画が必要です。また、介護報酬（自己負担除く9割分）の回収が2ヵ月後のため、運転資金発生を見込んでおきます。

（1）業種の特色

- 市場の拡大が期待できる（高齢者人口、要介護高齢者の増加は続く）
- 介護報酬（自己負担除く9割分）の回収は2ヵ月後のため運転資金が発生する
- 利用者送迎が原則のため、立地は比較的選択の余地が大きい
- 施設の定員に応じて必要な設備や配置すべき人員が定められており、許認可取得には基準充足が必須で、行政との事前協議も必要。
- 施設には設置義務のある設備があり、物件（建物・部屋）の選定に注意

（2）チェックポイント

- 許認可取得の準備はできているか（必要設備、要員、行政との事前協議）
- 介護事業の経験はあるか
- 人材確保は可能か、人材募集の方法は
- 地域での需要は確実か、競合施設があるか
- 集客の方法は有効か

● 図表3−26　業績計画・創業時資金計画の例 ●

(単位：千円)

	第1期計画		第2期計画	
売上高	25,200	100.0%	29,400	100.0%
材料費	1,260	5.0%	1,470	5.0%
売上原価	1,260	5.0%	1,470	5.0%
売上総利益	23,940	95.0%	27,930	95.0%
人件費	12,000	47.6%	14,400	49.0%
家賃	3,600	14.3%	3,600	12.2%
広告宣伝費	1,200	4.8%	600	2.0%
水道光熱費	1,200	4.8%	1,300	4.4%
通信費	240	1.0%	240	0.8%
減価償却費	1,476	5.9%	1,476	5.0%
消耗品費	360	1.4%	360	1.2%
その他経費	4,000	15.9%	3,600	12.2%
販売費一般管理費	24,076	95.5%	25,576	87.0%
営業利益	−136	−0.5%	2,354	8.0%
支払利息	70	0.3%	70	0.2%
経常利益	−206	−0.8%	2,284	7.8%

必要資金		調達方法	
設備資金		自己資金	
入居保証金	1,800	貯金	3,300
内装工事	4,000	退職金	3,000
送迎車両	1,500		
什器・備品	1,500		
その他	500		
小計	9,300	小計	6,300
運転資金（3ヵ月）		借入金	
人件費	1,800	制度融資	−
家賃 　（300×5ヵ月）	1,500	政策公庫	7,000
水道光熱費	200		
備品・消耗品	200		
その他経費	300		
小計	4,000	小計	7,000
合計	13,300	合計	13,300

月間売上高前提

利用者単価	7	7
1日述べ利用者数	12	14
営業日数	25	25
売上高	2,100	2,450

月間経費前提

人件費	1,000	1,200
家賃	300	300
減価償却費	123	123
その他経費	300	300
経費合計	1,723	1,923

特色・優位点

- リハビリ（運動機能回復）に重点を置き、トレーニング設備を完備
- 利用者同士の交流の場を重視したサロンスペースの充実
- 理学療法士としての豊富な経験と専門知識による効果的な運動メニューの提供ができる
- 創業者の勤務時代に関係構築したケアマネージャーからの紹介が得られる

ターゲット

- 施設より数キロ圏内中心の高齢者で、特にリハビリが必要な要介護の高齢者がターゲット

創業者略歴・経緯

- 専門学校卒業後、理学療法士として総合病院に12年間勤務
- デイサービス事業で独立開業するため、病院を退職し、開業準備中
- 病院勤務において、多くの高齢者と接する中で、身体機能訓練だけでなく、患者同士のコミュニケーションの重要性を感じ、創業する施設でその実現をめざす

第10節 事業計画書の改善案とフォローアップ

これまでは事業計画書に何を記載するか、記載のコツや留意点を述べてきました。ここでは、一通りでき上がった事業計画書を金融機関担当者がチェックし、改善へ向けてアドバイスする視点でポイントについてまとめます。また、創業後も含めたフォローアップについてもふれます。

01 事業内容・ビジネスモデルのチェックポイント

(1) 法的規制上の問題はないか

創業する事業が法律的に問題ないか、届出や許認可、資格が必要な事業の場合にその準備ができているか、という点の確認が必要です。

事業計画書を作成する段階ではまだ許認可取得前のケースも多いと思いますが、許認可や資格が必要なことや、申請予定日、取得予定日が記載してあれば問題ないでしょう。

(2) どのような特色、強みがある事業か

どのような業種でも、独自の特色が求められます。競争の激しい業種であるほど、他との差別化要素が成功のポイントです。具体的、客観的に独自の強みが記載されていることが必要になります。

(3) ビジネスモデル全体が説明されているか

製品やサービスの内容だけでなくどこから仕入を行い、どのような方法や販売ルートで、誰を顧客として販売するのか、というビジネスモデル全体がきちんとわかりやすく説明されているか、という点も確認しましょう。わかりやすく図で示されているとよいでしょう。

(4) ターゲット顧客は明確か

事業の特色と同時に、どのような顧客をターゲットにするのかがはっきりしているかという点も大事です。特定顧客だけをターゲットにすると、顧客が少なくなると考えがちですが、それは誤りです。事業内容にもよりますが、不特定多数ではなく、できるだけ絞りこむ方がかえって広告宣伝も営業活動もやりやすくなります。

(5) 価格や料金は妥当な水準か

新規開業の際に価格や料金の決定は非常に重要です。価格や料金の決め方は、いくつかの方法がありますが、第一に競合先や類似の店舗などの相場、標準的な水準をもとにすることです。もちろん製品やサービスの品質や内容の違いを考慮する必要があります。

02 創業目的・創業者のチェックポイント

創業者自身に、開業する事業に必要な知識・ノウハウが備わっているのか、経営者としての資質はあるかという点です。審査では過去の職歴や保有資格から判断するだけでなく、事業計画書全体のレベルから総合的に判断されます。

したがって代表者やスタッフの経歴や職歴について、創業事業に関連す

るものは特に詳しく具体的に記載するべきでしょう。一方、今まで経験したことのない業種で創業するには、どのような準備をしたのか、あるいは、どのようなパートナーと始めるのかなど、経験や知識の不足を補うことが不可欠です。また、創業に際しての強い想いを説明しましょう。

03 創業スケジュールのチェックポイント

開業の具体的な予定日が決まっていることが望ましいでしょう。特に創業融資はどの段階で何月何日までに必要なのか、を明確にしておきます。通常は店舗やオフィスの内装工事や入居保証金支払に借入が必要になるケースが多いので、支払時期を明確にしておくべきです。

04 広告・販促・営業活動計画のチェックポイント

どのような方法で顧客を集めるのか、ということを具体的に計画しましょう。どのような媒体や方法で広告宣伝を行うのか、開業時のイベントやキャンペーンなど計画が必要です。そして、費用を収支計画に織り込み、期待する効果についても具体的に数字で表すとよいでしょう。

BtoBの場合は、営業活動をどのようなルートで行うのか、紹介営業を行う場合の紹介元はどこなのか、ターゲットとなる法人のリストは用意されているか、といった点がチェックポイントです。

05 収支計画のチェックポイント

(1) 業績（損益）計画全体について

最低限、創業当初1、2年程度は、月次計画の作成ができているか確認

します。全体として3年程度の中期計画が必要です。

初年度は赤字だとしても、原則として2年目には年間で黒字を達成できる計画が望ましいといえます。赤字が長く続く場合には、それだけ必要資金が多くなり、リスクも大きくなりますので、注意が必要です。

また、借入金の返済開始の時点で返済が可能な水準の利益（減価償却費除く）が確保できる計画となっているか確認します。

(2) 売上高の計画について

売上高の計画についてその根拠や内訳が明確になっているか、がポイントです。その上でその計画が楽観的すぎないかどうかを確認します。

既存の業種、事業であれば、価格や料金の相場や業界水準と比較して妥当かどうか見極めます。また、新しい事業の場合、どのような根拠や前提で価格や料金を設定したのか、という点が大事です。アンケートなどの市場調査の結果であれば、ある程度評価できるでしょう。

(3) 原価、費用の計画について

必要な原価や費用が漏れなく計上されているかがポイントです。

変動費である売上原価は売上高の増加と比例して増加していくことが原則です。また、売上高の増加に比例はしなくても、人件費等の固定費も段階的に増えていくものです。そのように計画されているかチェックします。

(4) 資金計画について

資金計画は、不足しないかどうかが重要です。どの程度余裕がある計画なのか、月次の資金残高を確認します。必要資金に対する借入金の割合についても無理のない範囲かどうかがポイントになります。創業資金全体の3分の2以上が借入金の場合は注意が必要です。

06 計画の軌道修正とフォローアップ

(1) 事業内容の見直し

収支計画を作成した段階で、創業2年目でも赤字を続けざるを得ないような場合は、商品・サービスや価格・料金などをはじめ、ターゲット顧客なども見直しを行います。無理な計画では創業できたとしても、資金不足に陥り、事業が続かないという最悪の結果になりかねません。自信をもって創業できるような計画ができるまで、何回も見直しを行いましょう。

(2) 事業規模の縮小または創業の延期

自己資金が少ない場合など、創業当初の必要資金が借入金でも十分調達できないとわかった場合においても創業することを優先するならば、事業規模の縮小を検討しましょう。

(3) 創業後の計画修正

事業がスタートしてからは経営計画書として随時経営の見直しをしていきましょう。少なくとも創業後1年経過した頃には、その先の計画も見直しを行って、どこが見込み違いだったのか、その対策も含めて書き直すことで新たな目安としての経営計画書ができます。

(4) 創業後のモニタリング

創業後には、年度ごとに計画がどの程度達成できたかを確認します。具体的にどこが計画と違っていたか、そして、計画が未達だった場合の反省に立って対策を講じていくことが大切です。PDCA（Plan Do Check Action）のサイクルを回していくことで、事業がさらに発展していけるでしょう。

第4章
創業サポートとフォローアップ

- 第1節　創業サポートへの取組み
- 第2節　シニア専門写真館の創業事例
- 第3節　小学校低学年向け学習塾の創業事例
- 第4節　子育て世帯専門不動産の創業事例
- 第5節　女性の創業事例
- 第6節　シニアの創業事例
- 第7節　第二創業の事例
- 第8節　創業前段階の相談事例
- 第9節　地域金融機関と創業サポート

第1節
創業サポートへの取組み

創業サポートとはただ単に開業率を高めることを目的として創業融資の件数を増加させるといった問題ではなく、事業者の人生に関わっていくことです。創業サポートへの取組み事例を知ることにより、創業者をバックアップする姿勢を身につけましょう。

01 巣鴨信用金庫における創業サポート

巣鴨信用金庫は、2014年4月1日に地域の創業を応援するプロジェクト「すがも創業応援団」を発足しました。

巣鴨信用金庫にはもともと、販路拡大や創業・新規事業、相続・事業承継、ビジネスマッチング、海外展開などといった取引先の事業者が抱える様々な課題に対してワンストップで解決のサポートを行う「すがも事業創造センター（S-biz）」という部署があり、従前より創業サポートを行っていましたが、環境の変化とともに事業者数が減少傾向にある中、創業サポートに本腰を入れて取り組んでいかなければ、地域の活性化は図れないのではないかとの思いより、地域で頑張る人の「夢の実現」を応援するために、同プロジェクトを立ち上げ、今まで以上に創業サポートに取り組んでいます。

創業をサポートしていくということは、ただ単に開業率を高めることを

目的として創業融資の件数を増加させるといった問題ではなく、事業者の人生に関わっていくことになります。創業サポートは以下の３点が重要です。

- 単に創業資金を融資する活動とはしない
- 事業を始めるということは周囲（顧客・取引先・従業員・家族等）に影響をおよぼすことになるため、「覚悟」を持って臨まれる創業者が多い。そのような創業者に対し、本気でサポートを行う
- 創業時だけでなく、創業前、創業後も事業が安定するまでサポートを行う

未知の新事業に対し、想いや情熱だけで適切なサポートを行うことは難しいかもしれません。しかし、「覚悟」を持って創業に臨まれる事業者に様々な知識や知恵をもって提案していくことで、お客さまに寄り添っていくことができます。

02 創業者が求めているもの

実際に創業者は金融機関担当者に何を求めているのでしょうか。

創業者にアンケートを取ったところ、「自社の経営課題についての相談先」について、相談相手として最も多かった回答は「顧問先の税理士・会計士」で、全体の過半を超える55.78％でした。次いで多い回答が「同業の経営者」で40.14％でした。

事業活動には税務手続きや社会保険関係等の手続きが不可欠です。またその内容は多岐にわたり、現在のように税制改正等が多く手続きが複雑な仕組みとなっていることを考えれば、専門家である税理士・会計士に、その分野の相談をすることは至極当然です。

しかし、時にはライバルとなり得る同業の経営者になぜ相談をするのでしょうか？

それは"経営者は孤独"ということを意味します。

経営者は環境変化を見極め、事業計画や目標を立案し、資金繰りを管理し、人材の雇用や調整を行い、事業活動を実施していきます。そして、その場面場面において重大な決断をしていかなければなりません。経営者として決断をしていくことは、とても重圧のかかることでもあります。
　身近な家族や一緒に働く仲間であってもその重圧は量りしれず、だからこそ同業で同じ思いを持つ経営者を相談相手に選ぶのかもしれません。
　金融機関担当者は創業間もない経営者の重圧を取り除くことはできないかもしれません。しかし、経営者同士の橋渡しや、情報の提供、専門家の紹介等を通じ、少しでも創業者の役に立つことができれば、それが創業サポートの本質となります。身近な相談相手の1人として声がけいただくことを目的に活動をしていくことが、事業の安定や創業者の豊かな人生を応援していくことにもつながります。

03　創業サポートについてアピールする

　金融機関が創業サポートを行っていることは多くの方に知られていません。では金融機関は、創業サポートに力を入れていることをどのようにお客さまに広くアピールすることができるのでしょうか。また、創業希望者が気軽に相談に来ていただくためにはどのようにしたらよいでしょうか。
　巣鴨信用金庫では、この課題に対してホームページで創業プロジェクトの概要や相談方法について、わかりやすく説明するとともに、職員の写真付きメッセージ、創業準備のためのチェックシート、事業計画書のひな型、サポートを行った先輩創業者のインタビュー、などを掲載することで、他の支援機関との違いを明確にしています。また、気軽に相談ができ、創業を身近に感じられるような、わかりやすいコンテンツを豊富に揃えています。
　例えば、先輩事業者へのインタビューでは、「仕事内容」「創業の動機や

迷い、決意」「創業にあたっての準備等」「創業して良かったこと、辛かったこと」といった内容を掲載し、先輩創業者の本音を知ることができます。

創業準備のためのチェックシートでは、先輩創業者が、創業当時を振り返って「こういう思いや知識が必要だった」と思った項目を掲載し、自身に足りない項目について気付きができるようにもしました。

相談を希望する方には、ホームページの専用フォームから相談予約ができるようにしました。そして、気軽に相談できるように、書類等は一切不要としました。

金融機関は、このようにお客さまにとって、わかりやすく、かつ相談しやすい体制を整えていくことが必要です。

04 創業サポートプロジェクトへの想い

前述したように、創業は「夢の実現」につながる一方で、大きなリスクを背負う覚悟が必要になります。成功の保証はどこにもなく、多くの顧客や取引先、従業員や家族とも密に関わることになるため、道半ばで諦めるとしても様々な配慮が必要となります。

そのため、金融機関担当者は創業にあたって、多くの困難に対しても逃げ出さずに立ち向かう強い意志、すなわち"覚悟"を持っている創業者であるかを見抜く力が必要となります。そのような創業者であれば、金融機関も覚悟を持って応援していけるからです。

第2節
シニア専門写真館の創業事例

　創業希望者の中には、残念ながら創業を断念された方もいましたが、多くの方は経営の安定に向け日々努力をしています。第2節では、創業者の想いや動機、悩みや苦労など、また事業を始めるにあたり考えておかなければならないことなどを事例として紹介していきます。

■会 社 名：株式会社 サンクリエーション
■店　　名：えがお写真館
■代 表 者：太田 明良
■設　　立：2014年2月
■社 員 数：4名（2016年3月現在）
■所 在 地：東京都豊島区巣鴨
■事業内容：シニア世代専門の写真館

01 事業内容

　同社はスタイリスト・ヘアメイクアーティスト・カメラマンがそれぞれのプロの視点からシニア・シルバー世代に満足いただける写真館を運営しています。

　同社の特徴として、お客さまとのコミュニケーションを大切にし、丁寧にヘアメイクをし、楽しく撮影することをモットーにしています。でき上がった写真を見て本人も周りの人も幸せな気持ちになれる写真撮影を行っ

ています。

02 創業の背景

相談者は元スタイリストでした。自身としてはこの仕事で創業することも検討したようですが、多くの方から認知されなければ事業として成立しないことや、また成立できたとしても、あくまでも当人の感性・スキルに依存した"技術者"的な個人事業であることに疑問を感じたことから、相談者とヘアメイクアーティストとカメラマンの3人で創業を決意しました。

それぞれが持つキャリア、スキル、特性を活かせるビジネスは何か。そこに市場は存在するか。日々、議論を続けていった中で創業にあたってビジネスを組み立てる際に、決めていたことがあったそうです。それは次の2点です。

・ターゲットとする市場は、縮小傾向にある業界であること
・自分たちが始めるサービスは、日本初であること

通常、ビジネスを考える際に思いつくのは、成長分野や需要の大きな市場のことではないでしょうか。しかし、相談者には、斜陽といわれている業界は、廃業される方が多く、また新規参入も少なく、ブルーオーシャン市場であるとの考えがありました。そして新事業がもし日本初であるならば、そのことが与えるインパクトの大きさは計り知れない、との考えもありました。

そこで「遺影・エンディングフォト」を専門とするサービス業者は存在しないため、「遺影・エンディングフォト」を扱うシニア専門の写真館のニーズが見込まれるのではないか、との考えに至りました。

この思いが創業の背景となります。

03 対象市場を決める

　スタイリスト×ヘアメイクアーティスト×カメラマン。この3名のキャリアを最大限に活かすにはどのような対象市場がよいでしょうか。

　この3名のキャリアから生み出される最高のパフォーマンスは、ウェディングの分野か、あるいはファッションモデル等の撮影を主力とするメディア関連分野がよいのではないかと考えました。

　しかしウェディングの分野は競合が激しく、しかも撮影だけを切り離してオーダーをする消費者はとても少なく、ファッションモデル等の撮影も限定的であり需要は縮小しています。またすでに名の知られたスタイリストやヘアメイクアーティストが数多く存在することで競争が激しく、新規参入の障壁が高くなっています。

　以上のことから、市場の大きさを考え、特定の分野ではなく、一般消費者を対象とするサービスを開発したいと考えました。

　3名の特性を考えると、やはり撮影をメインとすることが望ましいのですが、特定の分野以外で撮影シーンが描きやすいのは冠婚葬祭の分野となります。ではこの分野に新たなビジネスチャンスが存在するのでしょうか。

　前述したように、ブライダルの分野は競争が激しく、七五三等の需要が多い子ども向けの分野はすでに大手数社が参入し多店舗展開をしています。後発で知名度を高めていくのは困難でしょう。

　では、近年「終活」が話題となっているシニアの分野はどうでしょうか。そこで「写真館」は減少傾向にあり（斜陽産業である）、「遺影・エンディングフォト」を専門とするサービス業者が存在しない（日本初のサービスである）ことから、対象市場が決まりました。

04 マーケティングの手法

前述した思考プロセスにより、ビジネスプランは決定されました。

これは、保有する経営資源が最も有効となる市場およびサービスについての検討であり、この手法は、まさしくマーケティング戦略立案の思考プロセスと同様の手法です。

マーケティング戦略の策定について「グロービスMBAマーケティング」では次のように解説しています。

> マーケティングの役割は、市場の変化を敏感にとらえ、顧客ニーズや顧客満足を中心にした「買ってもらえる仕組み」を組織内に構築することである。マーケティング戦略は、①環境分析、②マーケティング課題の特定、③セグメンテーション（市場の細分化）とターゲティング（ターゲット市場の選定）、④ポジショニングの決定、⑤マーケティング・ミックスの検討、⑥実行計画への落とし込み、という一定のプロセスの中で策定される。
>
> 出典：グロービスMBAマーケティング改訂3版

相談者は新規事業を開始するにあたり、まず自社の保有する経営資源（3人の特性）がどの分野に有効に働くかの環境分析を行い、その後、市場を細分化した結果、競合の少ないシニア市場を対象として選定しました。上記解説と同じ手順を踏んでいることがよくわかります。

相談者は年齢や撮影シーンをイメージしてセグメンテーションを行い、ターゲティングで「シニア」層を対象の顧客とすることを決めたのです。

このように対象となる層を明確にすると、効率的・効果的に対象市場へのアプローチが可能になります。こういった手順を踏まずに、すべての顧客を対象にしてしまっては競争優位性の確保は困難となってしまいます。

難易度は高くなりますが、創業計画にマーケティングの手法を取り入れることを創業サポートを行う際に一緒に考えてみましょう。

> **創業サポートにおけるポイント①**
> 創業計画にマーケティングの手法を取り入れましょう！

05　自社の位置付けを決める

(1) ポジショニングの確認

　対象市場の選定ができたならば、次に考えなくてはならないことはポジショニングの決定です。ポジショニングとは、自社の位置付けをどのようにするかといったことです。

　では、実際にこの相談者のポジショニングを確認してみましょう。

　ポジショニングマップを作成すると自社の置かれている環境がよく理解できます。

　例えば、スタジオでの撮影を主力としている「スタジオA」は全国に約500店舗を運営する大手チェーン店ではありますが、同社とは対象としている顧客層が違うということが一目で理解でき、ライバルにはなり得ないということがわかります。

　また同じゾーンに競合他社がいないということも確認できますので、サービス価格を設定する上でもマップは大いに役立ちます。

　ライバルが少ない市場であれば、価格競争に巻き込まれる可能性も低いので、安売りをしなくても十分に勝機があります。しっかりとした価値を提供し、適正価格を提示することができます。

(2) ポジショニングマップの留意点

　このポジショニングマップは、創業サポートの際に活用できるフレームワークです。金融機関担当者は創業サポートの際に、利用しましょう。た

第2節　シニア専門写真館の創業事例

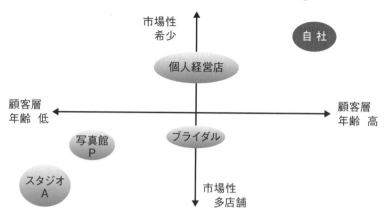

図表4-1　創業者のポジショニング

だし、縦軸・横軸をどのように設定するかということに留意が必要です。中小企業の事業者、特に創業者の方たちは、とても少ない経営資源で市場に出ていくことになりますが、規模が小さいからといって、すべてが不利であるとは限りません。上記のように稀少性等を設定することで、市場における企業価値を確認することができます。

規模や店舗数などで測定してしまうと、創業希望者の持つ価値を見過ごしてしまうこともあるかもしれませんので、その点に留意しましょう。

> **創業サポートにおけるポイント②**
> 創業の相談を受ける際にポジショニングマップを活用しましょう！

06　ビジネスモデル

ビジネスモデルとは、要約すると「儲けを生み出すビジネスの仕組み」と解釈することができます。お客さま、サービスの価値、経営資源（チャネル、ノウハウなど）の3つの要素を勘案して、「誰に対して、どのような価値を提供するのか」、「そのために、保有する経営資源をどのように組

み合わせ、不足する経営資源をどのように調達し」、「ビジネスパートナーや顧客とのコミュニケーションをどのように図り」、「どのような流通経路と価格体系で顧客に届けるか」といったことを考え、形にしていく作業です。そこにストーリー性が加わるとさらにお客さまの共感が得られていきます。

　創業サポートを行う上で、ビジネスモデルのストーリー性の有無や、ビジネスモデルの決定プロセスを知る「目利き力」は、とても重要なことです。

　また、ビジネスモデルがロジック（論理的であるか）として成立しているかを確認することも同様です。特にBtoCのビジネスを検討している場合においては、そのロジックがシンプルであることも大事な要素となります。一般の消費者にとって、ビジネスモデルがわかりやすいということも、そのサービスを選ぶ要素の1つとなるからです。

　創業相談の際には、創業者がこれから始めようとしている事業に対し、「共感できるビジネスモデルとなっているか？」を確認しましょう。

> 創業サポートにおけるポイント③
> 「共感できるビジネスモデルとなっているか？」を確認しましょう！

07　予想売上計画策定の落とし穴

(1) 意見交換

　創業の経緯・ビジネスモデルについては、ヒアリングにより概ね理解ができたため、相談のテーマであった販路開拓に向けての意見交換を始めました。

　当初の創業計画では、月額の売上目標は70万円を設定していましたが、

開業したばかりの1ヵ月目の売上は約30万円であり、目標と大幅な乖離がありました。

また、この売上の大半は同業他社からの依頼によるもので、下請けとして受注した仕事で計上したものであり、自社のサービスによるものではありませんでした。今後どのように自社のサービスに対して仕事が受注できるのかを相談する必要があります。

(2) 予想売上計画策定にあたっての留意点

今後の自社のサービスに対する受注内容の相談について解説する前に創業の予想売上計画策定にあたっての留意点について触れます。

この相談者のように、事業をスタートした時点から計画と大幅な乖離が生じてしまうと、焦燥感等から精神的に不安な状態に陥ってしまいます。精神の不安定は今後のビジネス展開にも悪い影響を与えてしまいます。

例えば、売上に対する焦りから、価額を安易に安くしてしまう、与信判断を甘くして契約を急いでしまう、などの衝動に駆られることがあるからです。

創業計画書を策定する際の、売上の予測方法については第3章で詳述されていますが、一般的なものとして以下のような数式があります。

```
(例1)  売上 ＝ 客数 × 客単価 × 回転数
(例2)  売上 ＝ 従業員1人当たり売上高 × 従業者数
```

創業希望者の多くが上記にある数式に真剣に取り組み、予想売上を算出していますが、その計上時期については詳細には詰められていないケースが見受けられます。

当たり前のことかもしれませんが、どんなによい商品、よいサービスであっても、消費者に認知されなければ、売上にはつながっていきません。

自社および自社の商品・サービスの周知期間をどのくらいで設定するか、

ということも計画策定においては重要な課題の1つです。これは業種や規模等によりケース・バイ・ケースですので、一概にいえませんが、できれば開業から6ヵ月程度は自社や商品・サービス告知期間と位置付け、売上は上がらないのが通常の状態であると認識した方がよいでしょう。

当初の計画策定時からこのように想定していれば、すぐに売上が上がってこなくても焦ることなく、前向きに運営に注力することができ、よい効果が得られるでしょう。

予想売上の算出根拠や収支予測を分析する際には、その売上計上の時期も確認してください。通常、売上計上できるようになるまでには、自社や自社の商品・サービスの認知度アップが不可欠です。周知期間が相応に設定されているかどうかを確認し、設定していなければその重要性について説明し、必要な期間を設定するようアドバイスしましょう。そうすることで売上に対する精神的プレッシャーを減らすことができます。

> **創業サポートにおけるポイント④**
> 予想売上の計画の際は、商品・サービスの周知期間も設定しましょう！

08 自社の本当の"強み"を知る

売上の増加を図る上で最も重要なことは、自社の本当の"強み"を知ることだといわれています。しかしながら、多くの創業者が、自社の"強み"に気付いていないということも事実です。

実際、相談者は前述したセグメンテーションやポジショニングで、他社との違いが鮮明になっているため、このことが自社の"強み"であると認識していました。

ただ、図表4-1のように、ポジショニングにおいて自社の位置付けが他社と明確に分離されているからといって、このこと自体が"強み"にな

るわけではありません。

　自社が置かれている環境で、「何を」もって勝負をするか。この「何を」が自社の"強み"にあたります。

　相談者の事例では、シニア専門であるといったことよりも、「普段、ファッションや化粧にそれほど気を遣わない方々に、スタイリスト・ヘアメイクアーティスト・カメラマンが融合したサービスの提供を行い、モデルのように美しくなった自分の最高の瞬間を撮影する」こと自体が"強み"であるといえます。

　スタイリングに関してはアパレル関連のショップに行けばコーディネートのアドバイスが受けられます。ヘアメイクも美容院やサロンに行けば同様のサービスを受けることができます。「撮影をするためのカメラマンがいる写真館」これは当たり前のことです。

　しかしこの三者のサービスをワンストップで受けることは、なかなかできないのではないでしょうか？　このワンストップのサービスが自社における最大の"強み"になるということです。

　この"強み"を事業にいかに活かしていくかが、今後の売上の拡大に大きく関わってきます。

　この"強み"を対象となるシニア層へ的確に訴求するためには、サービスをパッケージ化することと、そのサービスにわかりやすいネーミングをつけることが必要との共通認識となり、一緒に考えることにしました。

　その結果、「最高の瞬間をお届けする」という意味を持たせた「ベスト・ショット」がよいということになりました。この「ベスト・ショット」は、現在では同社No.1のサービスに成長しています。

　「カウンセリングから始まるヘアメイクでモデルのようになれる」というコンセプトがシニア層のハートを掴んだのだと感じています。

　創業者で自社の"強み"をはっきりと把握されている方はごく少数です。サポートをする側としては、こういった点を明らかするために、創業者と

一緒になって考えることが、何よりも重要です。共に考え、悩むことが、創業者からの信頼につながっていきます。

> **創業サポートにおけるポイント⑤**
> 創業者の"強み"を一緒に考えましょう！

09　創業期のジレンマ

　相談者は新たに「ベスト・ショット」というサービスメニューを加えることにしました。その後、新サービス「ベスト・ショット」を広く周知していくため、多くのメディアにプレスリリースを案内していくほか、様々な場所に積極的に新規営業を行いました。営業した先は、関連購買が期待できる大手化粧品メーカー、「終活フェア」を開催している大手葬儀社、高齢者施設の運営会社、寺など多様です。また、知名度向上に向けて「ストリートスナップ」なども展開していきましたが、どれも有効な手段とはなりえず、苦戦が続いていきました。この間、売上の大半は外注からの応援要請によるものでした。

　このような状況の中、4回目となる相談の際は、開業から4ヵ月経過しても思うように売上が伸びないので、路線変更もやむを得ないのではないか、といった内容となりました。

　初回の相談から月に1度は必ず1ヵ月間の活動や実績について詳細に報告を受けていましたので、相談者の気持ちは充分理解できましたが、ここで路線変更をしてしまっては、創業時の熱い想い、ビジネスモデルなどが崩れてしまうのではないかとの懸念が生じたため、「日本初のシニア専門という事業領域から逸脱することにもなってしまうので、当初のビジネスモデルで勝負していきましょう」と進言しました。

　相談者はとても悩んでいる様子でしたが、意見交換したことにより自身

の思考の整理ができたらしく、改めて当初の想いを貫いていこうという意識を持ち直すことができたようでした。

新事業を始めるということは、情熱と覚悟、あと執着心が必要になってきます。諦めない意思を持ち続けるということも創業者に求められる資質なのかもしれません。

創業サポートを行う者にとって、その点の重要度の説明や執着心を後押しすることも大事な役割であると考えます。

> **創業サポートにおけるポイント⑥**
> 創業の想いを持ち続けていただくように働きかけていきましょう！

10 チームとしての活動の重要性

相談を受けてからもその後の状況は変わらず、なかなか予約は入らず、来客がない日々が続いていきました。相談者はこの状況を打開すべく、積極的に様々な営業活動を行っていましたが、思うようにいかない状況に焦りやストレスが相当溜まっていたようでした。

そんな状態が続いていたため、相談者は他のメンバーにも営業活動を強化するよう求めていました。ですが、メンバーはビラの配布などの営業活動に相当のストレスが掛かっていたようで、相談者との間に徐々に意識のすれ違いが生じていきました。

一緒に始めた会社です。お互いによくしたいと思う気持ちは同じですが、お客さまが来ないという状態は想像ができないほどのストレスになり、3人の間には少しずつ溝が生じ始めていました。相談者もそのことに気付き、どのように意思統一を図り、どのようにモチベーションを向上させていくかに苦心している様子で、深刻な表情で来店しました。

当金庫からは、まずは3人でしっかりと話し合うことを勧めました。売

上が思うように伸びないときに一番必要なことは、創業前の共有した想いを思い返すことにあると感じたからです。

それともう１つ提案したことがありました。それは「３人で同じことをしてみてはどうか」という提案でした。開業からここまではそれぞれの役割の中で分担をしながら活動を行ってきましたが、行き違いがある状態にあっては、同じ時間を共有することに意味があると感じたのです。

そこで、提案したのは当金庫で行っているすがもビジネスフェア「四の市」から派生した「小さな出店」への出店でした。

すがもビジネスフェア「四の市」は、シニア層の方に、より便利で快適な毎日をお過ごしいただく商品・製品・サービスの案内や、来場者の方に喜んでいただけるものの提供、また事業者の方の「テストマーケティング」の機会創出等の目的で、当金庫のお取引先事業者の方に出店いただく催しです。

ここに出店し、事業の紹介とPRを３人で行ってもらうことにしました。

「小さな出店」において３人で配布したチラシは約2,000枚あったそうで、相談者が過去に配布したチラシ枚数としては過去最高でした。また、様々なお問い合わせがあり、シニアの方と多くのコミュニケーションを図ることができました。

この出店が３人にとって初めての共同体験となりました。相談者からは改めて一緒に行動することの重要性を確認することができたと後ほど聞きました。

創業を共にするメンバーとは、スポーツでいう「チームメート」と同じです。それぞれ役割があっても、共同作業を行い、１つになるということも重要なイベントになるのかもしれません。

創業サポートは創業者だけではなく、「チーム」に対して行っていかなければなりません。働く人々のベクトルを同じ方向に向け、共通の目標意識を持って活動していくことで、企業や組織の体質は強化されます。

> 🛡 **創業サポートにおけるポイント⑦**
> 創業サポートはチームに対して行いましょう！

11 ターニング・ポイント

(1) ビジネスの連鎖

　創業から約半年が過ぎました。たった6ヵ月間ではありましたが、創業計画書では予想もしていない様々なことが起こりました。それらに誠実に取り組んできたこともあり、7ヵ月目に入った頃からこれまでの状況とは様相が変わってきました。電話での問い合わせが増え、徐々に予約が入ってくるようになったのです。

　この要因の1つにインターネットによるカタログギフトへの掲載がありました。相談者は積極的にターゲットとしているシニア層に向け、工夫を凝らして働きかけを行ってきましたが、他にはないサービスでもあり、新たなものを好まない方々には購入障壁の高いサービスとなっていたようでもありました。そこで、相談者は自社が提供しているサービスについて、改めてお客さまの利用シーンや、どのような気分のときに購入を決定するかなどを検討し、商品を分析しました。その結果、ユーザーと購入者が相違するケースが存在することに気付き、ギフトとしての可能性を感じたことから、カタログギフトの活用を考えつきました。この手法が想定以上に対象となるお客さま層の興味を喚起し、お問い合わせや予約へとつながっていきました。

　このように、少しづつ利用者が増えてきだすと、さらに口コミで同社の評判が広がりはじめ、いくつかのメディアからの取材依頼も入るようになりました。

ビジネスとは本当に不思議なもので、1つが動き始めると連鎖的に様々なものが動いてきます。例えていうなら、重い荷物を載せた荷車を人力で押しているような感じです。車輪が動きだすまではパワーが必要となりますが、車輪が回転しだすと大きく前進していきます。

　諦めず、知恵を絞って車輪を動かそうとする意志が創業者に求められる要素なのです。

(2) ユーザーと購入者の分離

　このように業況が上向いている中、旅行代理店からある依頼が舞い込みました。近年、旅行代理店各社は中高年層をターゲットとした企画商品を市場に多く出しています。中高年齢層向けの商品は競争が激化している状態です。そうすると、人気の旅行商品はどの商品も似たような内容となってしまい、差別化が図れないという課題も抱えています。

　そこで、同社の主力サービス「美しいシニアのヘアメイク」に眼をつけた旅行代理店がシニア向けのヘアメイク講座を日帰り企画商品としたいということでした。依頼条件は、講師派遣は無償、同社PRは可というもので、決してよい条件といえるものではありませんでしたが、同社はこの機会をPRのチャンスと捉え、前向きに活用することとしました。

　するとこの講座において、実際にヘアメイクで"変身"した方々から、ポートレートに残したいので同社に撮影をお願いしたいという依頼が増加し始めました。また、体験した方々が知り合いに口コミで評判を広げ、お問い合わせや予約も増えていきました。

　利用シーンをイメージして、ユーザーと購入者を分けて考える、この視点は創業サポートを行う側にとっても大事なことです。

> **創業サポートにおけるポイント⑧**
> お客さまの利用シーンをイメージし、ユーザーと購入者を分離する視点も有効なアドバイスになります！

12　外部専門家もチームの一員

(1) 外部専門家の協力

　これまでの努力の甲斐もあって同社のサービスは多くの方に知られるようになり、初年度の後半はほぼ毎日予約が入るようになりました。創業して初めて迎えた年末はとても忙しく過ぎていきましたが、12月末を決算としていたため帳簿処理は手つかずの状態でした。

　法人を設立した際に依頼をした顧問税理士とはあまりコミュニケーションを取れていなかったこともあり、年明け早々から決算事務をどうしたらよいかという相談を受けました。

　そこで創業を専門とする税理士を紹介することにしました。

　事業計画の策定や実行にあたっては、外部の専門家の知見・視野などは貴重な情報源となり、また参考となることも多く存在します。

　創業者が事業運営を行っていく上では、外部専門家の協力は欠かすことができません。その専門家とビジネスパートナーの関係構築ができれば、その分野の手続き等にとどまらず、他社の事例やネットワークの活用などにより、相談範囲も広がり、意思決定の安全性も格段に上がっていくと考えられます。

(2) 専門家と創業者の相性

　近年、税理士業界を取巻く環境は、専門性による差別化が進んでいます。以前は「法人に強い」「相続に強い」などで違いをアピールする税理士が多くいましたが、現状はさらに専門性が細分化され、他者との違いを鮮明に打ち出している方を見かけます。

　例えば、相続分野においては「不動産評価に強い」「農地評価の実績が

多い」「相続対策の信託活用が得意」「遺言・成年後見等の活用による対策」など、また法人分野では「事業承継に強い」「事業承継でも特に経営承継円滑化法が得意」「海外分野に強い」などといった専門性の高さをポイントにしています。

専門家である医師や士業の方々も"専門分野"をさらに細分化し、自身（自社）の"強み"の部分で勝負していく時代となってきています。

創業者を支援する金融機関担当者は専門家の紹介にあたっては、資格だけではなく、どの分野に強い専門家であるかを確認して紹介しなければなりません。また、専門家と創業者との相性も考える必要があります。紹介にも私たちのコーディネート力が求められます。

> **創業サポートにおけるポイント⑨**
> 専門家を紹介する際は強い分野や相性を考慮して選定しましょう！

13 創業期から成長期へ

（1）創業後の計画見直し

紹介してきたように創業後には予測していない様々なことが起こります。その都度、真摯に対処し事業計画を見直す必要が出てきます。

創業前の事業計画策定はとても重要な事項ではありますが、創業後の計画見直しはもっと重要なこととなります。

創業サポートの実務においては、改めてマネジメントサイクルのP・D・C・AのC（Check：計画の見直し）、A（Action：改善案の検討）が重要となってきます。

同社も多くの経験を積み上げ、マネジメント・サイクルにより事業活動を改善してきました。結果、創業1期目は10ヵ月の活動で売上は640万円

を計上しましたが、残念ながら利益計上はできませんでした。しかし、2期目は、当社の取組みが各種メディア等で取り上げられたこともあり、知名度の向上により売上高は前年比約4倍となる約2,300万円を計上することができ、利益も計上しました。また、シニア世代の撮影者数が1,000人を超え、当社の主力事業であるシニア向けのスタジオ撮影の人気が上昇し、現在では撮影予約は1ヵ月待ちの状態が続いています。

3期目となる今年度は新たなサービス導入も検討しており、売上高は前期比2倍の5,000万円を目標に掲げています。

さらに同社の活動はシニア世代の顧客層だけでなく、若いカメラマンや、ヘアメイクの方にも知られるところになり、同社で働きたいという申出も絶えず入ってきています。

(2) 事業発展のために

事業は順調に進展しています。ライフサイクルからすると、創業期を脱し、すでに成長期に入られたのかもしれません。

現在検討している新サービスの導入には資金調達が欠かせません。もちろん当金庫での融資を利用していただく予定です。創業直後にお会いし2年が経過し、初めての融資相談となりましたが、懸念材料もなくスムーズに対応できています。

また、今後も末永くメインバンクとして利用していただくためにも、できる限りのサポートを続けていく予定です。

創業サポートは、相談者の事業発展が先で金融機関としての機能を利用していただくのは後ということをしっかり肝に銘じていきましょう。

> **創業サポートにおけるポイント⑩**
>
> 創業サポートは、お客さまの事業発展が先、金融機関のセールスは後！

第3節
小学校低学年向け学習塾の創業事例

創業するということは即ち創業者の人生観を表現することです。ビジネスの可否だけをもって応対せずに、創業者の気持ちをくんで対応することが金融機関担当者に求められます。

■会　社　名：株式会社 わでか
■代　表　者：高山　陽介
■設　　　立：2015年3月
■社　員　数：2名（2016年3月現在）
■所　在　地：東京都文京区音羽
■事業内容：小学校低学年向け学習塾の運営

01 創業の背景

相談者は、大学卒業後、様々な業界で営業職として勤務していましたが、そこで色々な経験を経て、教育に携わるようになりました。

教育に携わるうちに、教育とは本来は考え抜く力や、集中する力、自立するために必要な力を養うことが真の目的だと気付いたことにより、児童も、保護者も、地域も、皆が笑顔になる場所を創り、増やし、広げていくために学習塾として株式会社わでかを設立しました。

わでかとは、「わかるおもしろさ」「できるよろこび」「かんがえるたのしさ」の先頭の文字を並べています。

「学習の楽しさを子どもに知ってもらいたい」これが創業の動機です。それを実現させるために計画したのが小学校低学年に特化した学習塾の運営、つまりわでかの設立です。

02 創業と人生観

　相談者は、大学卒業後は一般企業に営業職として従事しましたが、その後、外資系生命保険会社に転職しました。相談者は重度の障がいを持つ身内の方がおり、保険や介護の分野には以前から興味を持っていたことから、生命保険会社へ転職しました。

　生命保険会社はこの外資系会社を含め3社に勤務しましたが、リーマンショックによる破綻を受け、自分が自分でいられなくなるような感覚から、退職することにしました。

　リーマンショックの影響を受けた人は多くいますが、勤務先の破綻に遭遇するということは衝撃的な出来事です。そしてその影響がその後の相談者の人生において大きな転機になっています。

　相談者は保有していた福祉系資格を活かし、介護の現場で働きながら、子どもが生まれたのをきっかけに地域で子育てサークルを立ち上げ、NPO「ファザーリングジャパン」（育児に積極的に参画する父親の会）にも所属し、イクメンの普及活動を行っていました。

　自身が体験してきたことを踏まえ、社会や地域へ貢献していく。そのことが創業者精神のはじまりであったようです。

　児童にとっても障がいのある方にとっても高齢者にとっても過ごしやすい環境を創っていきたい。そのためにはすべて教育（知ること）が原点になる、という想いのもと、実現に向け活動を開始しました。

　相談者は自身の人生観が創業の原点になっています。創業を行うにあたっては、ビジネスの可否だけをもって応対することはあってはなりませ

ん。創業者は様々な想いや体験があって、来店されます。その気持ちをくんで対応することがサポートする金融機関担当者に求められます。

> **創業サポートにおけるポイント⑪**
> 創業とは事業者の方の人生そのもの！
> サポートは想いをくんで応対しましょう！

03 ビジネスモデル

「社会や地域をよくしていくために教育を通じて貢献していきたい」このような想いで相談者は創業計画を立案しました。

相談者は他塾との違いを下記のように表現しています。

● 図表4－2　一般的な学習塾とわでかの違い ●

	一般的な学習塾	わでか
目的	成績・偏差値を上げること	学習の楽しさを身につけること
教材	講師が解説をする副教材	一人ひとりに合わせたわでか教材
授業形態	一斉授業・個別指導	個別複式授業
講師の役割	問題の解き方を解説	自学自習するための基礎能力開発・サポート
宿題	あり	なし
家庭の役割	家庭学習のサポート	学習はわでかで済ませ、家庭はくつろぐ場所に

一般的な学習塾とは差別化を明確にした方針により、運営を開始しました。また、地域での子育て支援活動等もあってすでに自身のコミュニティを通じ、新たなスタイルの学習塾は多くの方に知られるところでした。

創業と同時に多くの方に認知されていることは、この上なく有利な展開です。このビジネスの"強み"は、相談者の人脈・人的ネットワークにあります。

また、相談者は自身のビジネスの成功も目指していますが、真の目的は学習の楽しさを広げることにあり、通塾する児童を増やすことと共に、他の地域でもこの学習メソッドを使用した学習塾を増やしていくことにありました。このメソッドに参画し、開塾したいという申出も複数寄せられていました。このような状況でのスタートとなりましたので、教室は信頼できる方に任せ、自身はこのメソッドを拡げる活動を主力にしていくことにしました。

04 創業1年目の活動

　創業者の想い、強み、創業計画の内容などを総合的に勘案し、事業は順調に進展していくと予想しました。

　日を追うごとに入塾する児童が少しづつ増え、当初の計画通りに進捗していることに安心していましたが、創業から半年経った頃、塾長を任せている方から突然の退職の申出がありました。

　この後、相談者は塾長を兼務する傍ら教材づくりや他の地域での開塾の打ち合わせなどに追われ、経営という観点が薄まってしまったようでした。

　結果として創業1年目は事業レベルには至らずに終了してしまいました。

　前述したように、創業時の事業は創業計画書通りにはいかないものです。しかし、悪いことばかりでもなく、1年間の活動を通じてわかってきたこともありました。それは、対象となる顧客層についてです。当初「学習の楽しさを広げる」ことを目的として事業を開始しましたが、その学習を必要としている方は子どもではなくその保護者の方々でした。

　自閉症や障がいを持つ子ども、また不登校や学習障がいなどの悩みを持つ保護者から、自宅での学習の進め方について相談されるケースが数多くありました。誰にも相談できず1人で悩んでいたところに当塾の噂を聞き、他県から相談に来る方もいました。このような相談に対し、相談者は

地域での活動や福祉施設での経験などから、親身になって適切に応えることができ、相談者の知見は悩んでいる保護者の方に必要とされていきました。

1年間の活動により、こういった必要性が見えてきましたので、2年目を前に改めて事業計画を策定し直すことにしました。

05 新たな事業計画と資金計画

新たな事業計画では、午前中に学校に行けない児童や保護者向けの時間をつくることにしました。

また、相談者に共感した仲間も集まり始めました。これにより新たな事業計画が実現に向けて動き出すことが可能となりました。残る課題は資金面です。創業時は当金庫で利用していただきましたが、今回は日本政策金融公庫を活用することとしました。その理由は下記の通りです。

- ・資金調達ルートを複数保有する
- ・日本政策金融公庫は創業融資の歴史も長く、実績も多いことから創業に関する情報が豊富。またセミナー開催も多く学習機会も得られる
- ・当金庫とは2年前に創業分野で業務連携し、信頼関係が構築できている
- ・当金庫だけでなく複数の視点で事業評価することが可能となる

創業時の資金計画は不安定要素も多いため、自金融機関のみで対応するのではなく、幅広く調達手法を検討すべきです。

融資検討はとかく諾否が先行になりがちですが、金融機関側の論理ではなく、創業者がどうしたら円滑に事業が行えるかどうかが、判断のポイントになります。

> 🛡 **創業サポートにおけるポイント⑫**
> 創業時の資金計画は事業者の視点で考えましょう！

第4節
子育て世帯専門不動産の創業事例

地域特性に合致した事業の創業をサポートする際は、地域の支援制度情報などを把握することも重要です。創業者に対して、積極的にコーディネートを提案できるようになりましょう。

■屋　　　号：文京子育て不動産
■代　表　者：高浜　直樹
■設　　　立：2014年6月
■社　員　数：1名（2016年3月現在）
■所　在　地：東京都文京区千石
■事 業 内 容：子育て世帯に特化した不動産業

01 創業の背景

　次に紹介する相談者は、文京区で子育て世帯に特化した不動産業を開業しました。

　創業のきっかけは、物件を探す人はそれぞれ欲しい情報が違うということに気付いたからでした。

　相談者には3歳になる子どもがいます。子どもが生まれてから地域の子育てサークルに入会し、積極的に活動を行い、他の子育てファミリーとの交友が深まるにつれ、自身が住んでいる街が子育てに適した環境であること、またファミリー層に人気のエリアであることを知ります。

その中で、小さな子どもがいる家庭が、物件探しをするときに重要視しているのは下記のような情報であることに気が付きました。

- 地域環境やインフラ（公園や児童館等の公的施設、病院（特に小児科）や日用品の購入場所（スーパー等））があるか
- 隣近所（同じマンション内等）に同じ年頃の子どもがいるか、また子どもたちの遊ぶ声などを嫌がる居住者がいないか
- 進学・育児の情報。学区域内にある幼稚園や小学校の評判がよいか

しかし、一般の不動産会社ではすべての物件にこのような情報は掲載されていません。

そこで、子育てファミリーの役に立つことを目的として、情報を収集し、発信することにより、物件探しをサポートするビジネスを立ち上げようと考えました。

02 相談内容

相談者は祖父の代から3代続けて東京都文京区に住んでいます。文京区は東京大学や御茶ノ水女子大学などをはじめとする学校等教育施設が充実している地域であり、また、公園なども多く、子どもがいる家庭からすると非常によい地域であることが認識できます。そして、この地域に長く住んでいることは、自分が考えているビジネスに有利に働くのではないかと考えました。地域特性を熟知していること、近隣からの信用度、また地域情報取得にあたっての協力者の存在などがこのビジネスの大きな利点になると考えたのです。

相談内容は、この新たなビジネスをどう展開していくか、ということでした。

03 ビジネス展開

(1) 活動方針

ビジネス展開について何度か意見交換を行いました。その中から今後の活動に対する方針が見えてきました。

> ①子育て世帯に特化していることが他の人から一目でわかるようにすること
> ②不動産会社との接点が少ない若いファミリーを対象顧客の中心の層にしたいと考えていることから、あまり積極的には営業活動は行わず、対象となるお客さまが自然と集まるようにすること
> ③口コミなどで知名度が上がるようにすること

①についてはどのような事業なのかが誰にでも理解できることを意図し、屋号を「文京子育て不動産」としました。

また、現代のビジネス展開において、知名度の向上や活動の趣旨などを広く周知していくには、SNSによる発信は欠かすことができません。そこで②③については、ホームページやSNSを有効に活用するための方策を検討することとしました。

(2) ミラサポの活用

相談者は自身でホームページを立ち上げる等、ITの知見は相応に持っていましたが、当金庫には的確にITに対する相談に応えるほどの知見はありません。

そこで公的支援施策の専門家派遣制度の活用を提案しました。このときに提案したのは「ミラサポ」の専門家派遣制度です。

「ミラサポ」とは中小企業庁の委託により運営されている、全国385万社の中小企業・小規模事業者とその支援を行う支援機関や専門家のためのイ

ンターネットサービスのことです。無料の会員登録を行うと下記のメリットがあります。

・年間3回まで専門家の派遣が無料で受けられる
・各種補助金のエントリーがミラサポのサイトからできる

　専門家派遣は、中小企業経営に関わる各分野の専門家をサイト内から簡単に探索することができ、課題解決の第一歩に向け協力してもらうことが可能です。

　ただし、利用にあたっては「よろず支援拠点」か「地域プラットフォーム」が専門家への派遣申請を行いますので、まずは近くのよろず支援拠点か地域プラットフォームで相談を行い、最適な専門家を紹介してもらう流れとなります。

　よろず支援拠点は各都道府県に開設されており、以下の3つの機能を有しています。

・既存の支援機関では十分に解決できない経営相談に対する「総合的・先進的経営アドバイス」
・事業者の課題に応じた適切な「チームの編成を通じた支援」
・支援機関等との接点がなく相談先に悩む事業者に対する「的確な支援機関等の紹介」

　また、地域プラットフォームとは、中小企業・小規模事業者を地域で支えるネットワークです。主な取組みは、専門家派遣の利用や経営の相談、イベント・セミナーの開催等です。

　地域プラットフォームは複数の支援機関から構成されている連携体で、全国多くの地域金融機関も連携に名を連ねています。したがって金融機関でも専門家の派遣が可能になりますので、積極的に活用していきましょう。

　注意点としては、専門家派遣の際によろず支援拠点、地域プラットフォームの担当者が同席をすることが必要となることです。

(3) プロモーションの整備

相談者はこの制度を活用し、中小企業診断士でITコーディネーターの専門家を依頼しました。この専門家の指導のもと、ホームページやSNSを活用したプロモーションが整備されていきました。

ホームページやSNSの作成にも、事業計画策定時と同様に、誰に・何を・どのように、といった基本戦略が不可欠であることを認識しましょう。

04 創業へ

相談者は「千石こじゃり」という地域の子育てコミュニティスペースを開設しました。文京区を子育てしやすい街にしたいという思いから、店舗を子どもが遊べる空間として開放することにしたのです。開放は毎週月曜日の13時〜18時です。とてもユニークな取組みで、知名度向上にもつながり、また相談者の子育てへの情熱も感じられます。

文京子育て不動産は創業からもうすぐ2年となります。子育てサークル等の活動や子育てファミリー向けの地域コミュニティ誌の発刊やSNSを通じ、着実に問い合わせは増加しています。

地域特性に合致したビジネスは、多くの人の目に触れることができるため、事業が安定していく可能性はとても高くなるでしょう。

> 🛡 **創業サポートにおけるポイント⑬**
> 代表的な公的支援施策情報や地域の支援制度情報を把握し、創業者へのコーディネートを積極的に行いましょう！

第5節

女性の創業事例

平成28年４月に女性活躍推進法が施行され、創業の分野においても、多くのビジネス誌が女性起業家の特集記事を掲載するほか、中小企業白書がテーマで取り上げるなど、女性の創業が話題となっています。

01 女性の創業者の増加

女性活躍推進法が施行され、ビジネス界でも今後ますます女性が活躍する場面が拡大されていくものと期待されています。

日本政策金融公庫などでは女性専用の創業融資制度の取扱いを開始しています。これは確実に女性の創業者が増加していることを物語っているといえます。

02 珍しい創業事例

女性の創業希望者はカフェやリフレクソロジー開業といった、女性向けのビジネス展開を計画されている方が多いのですが、そのような中で、30歳台前半で塗装職人として創業された女性がいます。塗装職人はいわゆる"ガテン系"であり男性の就業者が多く、この分野で創業を目指す女性は

多くありません。

一般的には図表4-3の通り、建設業の開業は圧倒的に男性が多いことがわかります。では相談者はなぜあえて男性社会に競争を挑んでいったのでしょうか。

そこにはやはり女性ならではの視点がありました。

● 図表4-3　業種別の創業者の性別 ●

(単位：％)

	女性	男性
建設業	1.5	11.9
製造業	2.5	5.1
情報通信業	1.2	4.1
運輸業	1.2	3.4
卸売業	6.0	7.5
小売業	12.0	11.6
飲食店・宿泊業	15.0	11.1
医療・福祉	19.2	13.0
教育・学習支援業	3.7	2.7
個人向けサービス業	25.2	10.9
事業所向けサービス業	9.2	11.6
不動産業	2.5	5.1
その他	0.7	1.8
合計	100.0	100.0

出所：日本政策金融公庫総合研究所（2013年）

03　創業の背景

相談者は高校卒業後、実家が営む塗装工事店に従事し、実務を習得しました。その後、20歳で上京し数社の塗装工事店に延べ約10年勤務し、独立を決意しました。

創業を決意したきっかけは、自分ならこの業界で女性特有の対応ができると感じたからです。

具体的な事例として次のようなことをあげています。

「塗装工事の現場が個人宅であった場合には、大抵そのお宅の奥様が対応されます。しかし、この業界は圧倒的に男性の職人が多く、男性が自宅にあがることに嫌悪感を抱く奥様がいらっしゃいます。そのような中で女性塗装職人である自分が現場にいると奥様方が安心され、話す機会も増えていきます」

たしかに平日の日中は女性が1人でいることが多く、女性からすると工事とはいえ見知らぬ男性が複数で訪問してくるのは不安なことなのかもしれません。

相談者はそこにビジネスの気付きを感じました。しかし、それだけではビジネスとしては成立しません。お客さまに仕事を頼みたいと感じてもらう仕組みが必要です。

04 相談内容

相談にお見えになった理由は、販路拡大に悩んでいるからでした。

すでにホームページを作成していましたが、そこからの工事依頼はなく、当時は他社が受注した工事を応援する仕事がすべてという状況でした。

今後の展開に向けて、下記の2点について意見交換を行いました。

①自身の強み
②対象とするお客さま

①の自身の強みについては、まさに女性であることが最大の強みです。女性が極端に少ない職種ですので、女性の塗装職人であることをもっと積

極的に情報発信すべきと提案しました。

②の対象とするお客さまは、女性ということで意見が一致しました。

それでは、対象となる方々にどのように伝えていくか、これが難しい課題でしたので時間をかけて一緒に検討することにしました。

05 提案内容

(1) 部内ミーティング

定期的に開催している当金庫の部内ミーティングで、ある部員から提案がありました。ミーティングでは部員が携わっているサポート案件について、担当者が紹介し進捗状況や成果などを発表することにしています。時にはアイディアや提案を求めるケースもあります。

このときの提案は以下のようなものでした。

「自分が担当しているお客さまに女性の建築士の方がいます。この方は将来的に女性だけのチームで家を建てることを目指し活動しています。その目標に向かって定期的に勉強会を開催し、現在では主宰する建築士の方以外に、インテリアコーディネーターや内装工事の方など建築に携わる様々な方が集まっています。その方もこの勉強会に参加されてはいかがでしょう」

とてもよい提案でした。

勉強会では「女性が住みやすい住環境」をテーマに、女性の感性から研究を行っています。参加している方がそれぞれ専門知識を持っているため、他分野からの視点も参考になります。

早速相談者にお伝えしたところ、是非参加してみたいとことでしたので、紹介しました。

（2）出会いの場の提供

　相談者は定期的に勉強会に参加するようになり、メンバーとも深く交流を図るうちに、仕事の依頼や経営上の悩み等も相談できる間柄になっているそうです。ここでの活動は共通の目標に向かって各々の専門的知見を活かし共同体を作り上げています。

　1人で活動していた相談者にとっては、仲間ができたことで視野が広がり活動の幅も増えました。また、同じ立場で頑張っている人を間近に感じることで勇気も湧いてくるようです。

　ビジネスマッチングは受発注の紹介だけではなく、共通の目的に向かう仲間づくりにも有効に機能します。

　家を建てるまでにはまだ仲間が足りていないようですが、今後の進展がとても楽しみです。

> **創業サポートにおけるポイント⑭**
> 　地域金融機関は協働する方々に有益となる出会いの場を提供することができます。しかしその実現には、常日頃から既存お取引先の内容把握に努めていくことが不可欠です！

第6節

シニアの創業事例

　現在、日本では開業率の向上が政策課題となっていますが、高齢化が進展する中、市場としてだけでなく、開業の担い手としてもシニアへの期待が高まっています。

01　シニア創業の特徴

　次に紹介する事例はシニアの創業事例です。大手保険会社を定年退職され60歳で創業を決断しました。

　会社員時代は営業畑が中心で支店長等の要職を歴任されていました。その当時の人脈や知見を活かし、中小企業経営者向けにリスクコンサルティングを行うという創業計画です。

　現在、開業に向けて準備中ですので、詳細なビジネスモデルについては記載できませんが、シニア創業の特徴について紹介していきます。

　平成25年版新規開業白書では、「シニアと開業」をテーマに取り上げています。この中で開業動機として、経験・知識・資格の活用が最も多い開業動機であるとしています。アンケート結果を多い順に並べると、「仕事の経験・知識や資格を生かしたい」、「社会の役に立つ仕事がしたい」、「年齢や性別に関係なく仕事がしたい」となっています。

　また、白書ではシニアの開業者像として「家計の余裕が比較的大きい」

ことも記載されています。

　報酬目的のために事業を始めるわけではないので、大きな利益を求めず、利益より社会貢献、報酬よりやりがい、こういったことがシニア創業の特徴です。また、学習意欲が高いこともシニア創業者の特徴となります。

02 創業の背景

　相談者は前述したシニア創業者の特徴を持っていたため、当金庫としてはご本人の想いを大切にしたいと考えました。

　そこで、できる限り経費率を引き下げることを提案しました。固定費を削減することで、損益分岐点売上高を低く抑え事業を安定させることが目的です。相談者の事業計画では、人件費はご自身のみであり、固定費の大半が事務所費でした。

　具体的な提案としては公的なインキュベーション施設への入居をお勧めしました。「インキュベーション」とは、英語で"（卵などが）ふ化する"という意味です。これになぞらえ、起業家の育成や、新しいビジネスを支援する施設を「（ビジネス）インキュベーション」と呼びます。シェアオフィスからセパレート型まで仕様は色々ありますが、賃貸料は月額1万5千円〜4万5千円と民間のオフィス賃貸料よりかなり低額な設定となっています。

　また、インキュベーション施設のメリットは賃料だけでなく、専門家等の助言も受けられる体制を整えている点です。この体制があることにより、入居者は安心して事業活動が行えます。

> **創業サポートにおけるポイント⑮**
> 近隣の自治体とは普段から良好な関係を築いておきましょう。また、自行庫エリア内のインキュベーション施設については、場所・賃料・サポートなどを把握しておきましょう！

第7節 第二創業の事例

すでに事業を営んでいる場合において、後継者が先代から事業を引き継いだ場合などに、業態転換や新事業・新分野に進出する第二創業を支援することが多くなってきました。既存の中小企業・小規模事業者の活力の回復・向上を促す第二創業について学びましょう。

01 第二創業の背景

　相談者は大学卒業後、インターネットショッピングモールを運営する大手IT企業に就職し、広告事業部に勤務していました。その後、転職し、イベント広告の業務を担当していました。しかし結婚を控えていたこともあり、退職して実家の仕事を手伝うことにしました。

　実家は紙を裁断するための刃物が付いた型を製作する事業、一般に抜型製作と呼ばれる事業を行っている企業です。この事業は相談者の祖父が昭和39年に創業したもので、現在は父親が社長で抜型を製作し、母親が図面作成や経理全般を担当している家族経営の企業です。

　同社で製作している抜型は主に封筒や販促用POP、紙の箱やケース等の紙器の材料を裁断する際に使用されています。このため、紙器製造業者を中心に、多くの取引先と長年にわたる信頼関係が構築されています。

　相談者は実家の事業に対して、両親のアシスタントのような立場で従事

していましたが、これまでの事業は長年の熟練した技術がある父親だからできる手作業の製作であり、自分に伝承できるものではなく、将来的には実家の事業を続けていくことは難しいことと感じていたようです。

そのようなとき、新たなビジネスモデルを思いつきました。

それはある機械の展示会に出かけた際に、展示されていた最新のレーザー加工機を前にしたときです。その緻密なデザイン加工や紙以外の素材への対応状況があまりにも素晴らしく、この機械があれば、自身が会社員時代に培った広告に関わるデザイン等を活かせることと、実家が長年積み重ねてきた取引先との関係から新たなビジネスを開拓できるではないか、と瞬間的に閃いたようでした。

それからはこの新たなビジネスを立ち上げようとの想いのもと、調査・研究を開始しました。

02 ビジネスモデルの立案

近年、消費者ニーズは多様化しており、結婚式や記念式典、各種パーティーなどの特別な場面の招待状や案内状はデザイン性が高く、オリジナリティあるペーパー素材を好む方が増えています。また、取引先の印刷業者にもこのような相談が寄せられるケースが増加していました。

しかし、現在の事業では相談に対応することができなかったため、取引先の印刷会社で既往技術で加工できる範囲のデザインに変更して対応していました。結果としてユーザーの期待に応えられないばかりでなく、コスト上昇を招いている要因にもなっていることが判明しました。

そこで以下のようなビジネスモデルを立案しました。「少量・短納期・低コストのデザインカットに対応できる加工という地域初の革新的なサービス」を開始するというものです。

このサービスは、デザイン性が高く、オリジナリティを望むお客さまの

需要にお応えすることが可能となることから、地域内の印刷関連業者と連携しながら新たな顧客層の開拓につなげていくことができます。

相談者の実家周辺は印刷関連企業が多い立地でありながら、消費者が望む少量・短納期・低コストのデザインカットに対応できる加工業者はいませんでした。そこで長年にわたり紙加工分野で経験を積んできた自社で新事業を開始することにより、封筒とデザインカットおよび、立体素材へのプリント加工のワンストップ提供が可能になります。結果、これまでに蓄積された現事業の技術力と相談者が始めようとしている新サービスが融合することにより、エンドユーザーの満足度向上、取引先印刷業者の課題解決を図るというビジネスモデルとなりました。

ニッチな分野ではありますが、潜在市場もあり、ご自身のキャリアと現事業の長い業歴を有効に働かせることができるよいビジネスモデルです。

03 課題

課題は機械を取得するための資金計画です。取得しようとしている機械は1,000万円を超える高価なもののため、資金調達をどのように行うかがポイントでした。相談者も借入では負担が重いと思っていたようで、できれば「ものづくり補助金」を活用したいと考えていました。当金庫もそれが最良の方法であると思いましたので、申請書の作成サポートを行うこととしました。

04 ものづくり補助金

「ものづくり補助金」とは平成24年の補正予算から始まった施策で、毎年、政府が1,000億円以上の予算を投じて行っている大型の補助金制度です。2016年公募（平成27年度補正予算）は4年目となり、一般的に「もの

づくり補助金」と呼ばれ定着していますが、名称は「ものづくり中小企業・小規模事業者試作開発等支援補助金」、「中小企業・小規模事業者ものづくり・商業・サービス革新事業」、「ものづくり・商業・サービス革新補助金」等と毎年細かく変更されながら、実施されています。

　補助対象となるのは「新しい製品開発」や「サービス開発」に対してであり、申請書により革新性や実現可能性などが書類審査されます。

　内容や条件等により補助額に制限はあるものの、概ね補助率３分の２以内で、補助上限額1,000万円とした補助金であり、採択されると交付請求や事業報告等の煩雑な事務手続きもあるものの、事業活動に大きなメリットを与えてくれる施策です。ただ、採択率は30～40％前後で推移しており、累計でみると41.7％となっています。確率としては約半分以上が不採択となる狭き門です。

● 図表４－４　ものづくり補助金の申請件数と採択数 ●

		申請件数	採択件数	採択率
平成24年度補正予算	一次公募（1次）	1,836	742	40.4%
	（2次）	10,209	4,162	40.8%
	二次公募	11,926	5,612	47.1%
平成25年度補正予算	一次公募（1次）	7,396	2,916	39.4%
	（2次）	15,019	6,697	44.6%
	二次公募	14,502	4,818	33.2%
平成26年度補正予算	一次公募	17,128	7,253	42.3%
	二次公募	13,350	5,881	44.1%
累　計		91,366	38,081	41.7%

05　補助金申請書作成のサポート

　相談者は自身の新たなビジネス開発のため、平成26年度補正予算の一次公募に向けた申請書作りを開始しました。

補助対象事業には「革新的サービス」と「ものづくり技術」の2つの類型がありましたが、テーマが新たなサービス開発でしたので、「革新的サービス」での申請準備を行いました。申請書作成にあたっての「革新的サービス」と「ものづくり技術」との相違点は以下の通りです。

● 図表4-5　革新的サービスとものづくり技術の相違点 ●

革新的サービス
・経済産業省が策定した「中小サービス事業者の生産性向上のためのガイドライン」に示された方法で行われる革新的なサービスの創出やサービス提供プロセスの改善を目的とする ・3～5年計画で「付加価値額」年率3％および「経常利益」年率1％の向上を達成する計画であることの記載が必要
ものづくり技術
・「中小ものづくり高度化法」に基づく特定のものづくり基盤技術を活用した革新的な試作品開発や生産プロセスの改善を行う ・生産性を向上させる計画（3～5年計画で「付加価値額」および「経常利益」の増大を達成する計画）であることの記載が必要となる

まずは申請テーマの重要な1つである事業のストーリー性について意見交換から開始し、そののちにメールのやりとりにより加筆・修正等を数度にわたり実施していきました。申請書様式を何度も何度も書き直していきましたが、約1ヵ月後には納得のいくものが完成し、申請を行いました。

補助金申請書の作成は、事業計画を策定することと同等です。

相談者は新たなビジネスの事業計画書起案等の資料作成は、これまで行なっておらず、この補助金申請書作成は相談者自身の思考を整理するのにも相当役立ったようでした。

06　採択のポイント

さて、申請から約2ヵ月後に採択の発表がありました。結果は見事「採

択」を得ることができました。ここでは「採択」を得るためのいくつかのポイントを紹介します。

(1) 公募要領を熟読する

年度ごとに諸条件や記入方法が若干変わっています。申請する年度に適した記載が求められますので、公募要領はしっかりと読み込みましょう。

(2) 専門用語は使わない

申請される方は申請する事業に長く携わっていますので、その業界特有の用語を標準化して使用しているケースが多くあります。しかし審査員はその業界に精通していないため、誰もがわかる平易な表現で記入することが重要です。どうしても専門用語・業界用語を使用する場合には、用語解説などを入れましょう。

(3) ビジュアルを考える

審査員は相当数の申請書を審査しますので、申請内容が文章ばかりだと理解に苦しむことがあります。図や表、写真等を多用し、イメージしやすいものにすることが必要です。新たなビジネスモデルを図表等を使って表現するほか、工程間を写真等を挿入して説明するなどの工夫も必要です。

(4) ストーリー性があるか

申請書はある意味、審査員の「読み物」に相当します。読みやすいものでなければ興味を持ってもらえません。そのためには事業計画にストーリー性を持たせることが重要なこととなります。例えば、「市場のニーズで〜が求められているが、現在は対応できていない。⇒当社が新たに〜のサービスを開始し、求められている消費者に対応する。⇒ビジネスとして成立し、消費者も満足できる」このような展開が理想です。

申請書の作成にあたっては、ストーリー性を重視しましょう。

● 図表4－6　新サービスのイメージ ●

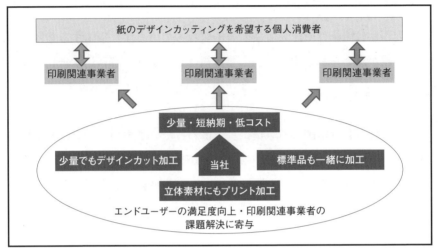

（注）この図は補助金申請書に実際に使用したものである。

07　第二創業のスタート

　相談者はその後、採択された申請書に基づく事業計画の実施において希望していた設備を導入しました。ただし、元々エンジニアでもなく機械装置に詳しくはないので、円滑に機械操作が行えるようになるにはどうしたらよいかを考えました。

　そこで考えついたのは、機械の扱いを学ぶために同設備を保有している企業で、自身をインターンシップとして受け入れてもらうことでした。

　とてもアグレッシブな発想です。受入れ先の企業にとっては将来、商売敵ともなり得る関係ですので、なかなかこういった依頼はできないものです。しかし、相談者の切実な願いに応えるためにも、同設備を保有する企業に事情を説明し、インターンシップ受入れの了承を取り付けました。

相談者の「やる気」がメーカーや同設備を保有している企業を動かしたのだと思います。新たな取組みを行う際には、前例がないことでも果敢に挑戦する心構えが必要です。

　この企業での研修の効果もあり、相談者は機械操作をすることができるようになりました。また、この企業から下請けとして仕事の依頼もくるようになり、新たなサービスによる加工の経験を積んでいるところです。

　相談者による営業活動はこれから本格的になるところではありますが、周囲の多くの方の協力を得て新サービスが開始されました。第二創業のスタートとしては、まずまずの出足ではないでしょうか。

　今後も積極的に支援活動を続けていきますが、相談者の視点ややる気などから、このサービスは確実に成長するものと期待しています。

> **創業サポートにおけるポイント⑯**
> 　補助金を上手に活用しましょう！　申請書作成のサポートにあたっては、ストーリー性を重視しましょう。採択を受けられれば大きなビジネスチャンスとなります。

第8節
創業前段階の相談事例

創業相談で最も多い、創業前段階の相談事例について解説していきます。相談の内容は多岐にわたりますが、相談者へのヒアリングを行うにあたり注意すべき事項を押さえておきましょう。

01 創業の背景

パソコン教室を新たに開設したいという相談者が来店しました。この方は長年、パソコンスクールを運営する会社に勤務され、いくつかの教室で店長を任されていたそうですが、会社の方針と合わないことが多くなってきたため、退職してパソコン教室を独立開業しようと決断したそうです。

02 創業計画の立案

創業計画を立案するにあたっては、まずは店舗立地が最重要になると考え、相談者が開業しようとしているエリア内の不動産情報の収集を開始しました。現状、多くのパソコン教室が駅至近にあることから、相談者も駅前周辺の1階店舗が理想と考え探索していました。しかし駅周辺物件の賃料はその周辺相場の平均額より相当高額な設定となっていました。

このような状況でしたので、賃料の高い情報をもとに事業計画を立案す

ることにしました。しかし、賃料が高いということは固定費の上昇要因につながります。事業計画の策定において、一定額以上の売上高を計上していかなければ、収支が合わないことになり、創業当初より多くの生徒数を確保しなければならない状況を招いてしまいます。

　また、店舗の賃貸には保証金や礼金が必要になります。賃料が高ければその分、契約時点での支出も大きなものになります。さらに、内装や看板等の改装費も必要になり、開業資金は多額にのぼります。

　仮にこの開業資金を借入金で調達すると、その返済も売上から捻出しなければならず、予想損益分岐売上高は高く設定せざるを得なくなります。

　このような状況での事業計画はかなり無理な計画となりますので、実現する可能性は低くなってしまうことが予想されます。そこで一通りの事業計画をヒアリングしたあと、以下の点について伺いました。

①勤務していたパソコンスクールを運営する会社の方針と合わなかった点はどのような点か
②相談者が理想とする教室はどのようなものか

　①については、勤務していた会社の方針が利益主義であり、生徒数の増加を厳しく求めていたので嫌気がさしてしまった、ということでした。

　②については、これまでは会社帰りの会社員が生徒の中心であったが、本来自分はこれからの社会を支えていく子どもに正しいパソコンの使い方を教えたいと考えている、ということでした。

　相談者は現在ある標準的なパソコン教室ではなく、個性ある教室の開業を希望していたにもかかわらず、創業の想いとは裏腹にこれまで勤めていたパソコン教室とほぼ同様のことを計画していました。

　相談者も相談の中で当初の想いと計画が乖離していることに気付いたようで、想いを実現するにはどのように事業を進めていくことがよいかの意見交換をすることにしました。

03　意見交換

　当金庫は事業を子ども向けに行うのであれば、駅前立地にこだわることはなく住宅街でも可能性があること、場合によっては店舗を持たずとも出張サービス（家庭教師）もあり得ることなどを伝えました。
　ただし、この際に重要となるのは地域コミュニティ（人が集う場）との関わりのため、自身のネットワークづくりが何よりも大事なことだと説明しました。
　相談者も真摯に耳を傾け、開業に向け、再度事業計画を立案し直すことにしました。

04　創業への想いや事業の目的を明らかにすること

　このように当初の創業の想いとは違った形で計画を立ててしまうことが思いのほか多くあります。それは、イメージしていたことを事業計画書に落とし込む際に、現れてしまうようです。
　「この事業はこうでなくてはいけない」という先入観が強く働き、ビジネスモデルを立案する前に立地や設備を考えてしまい、その結果、資金収支に辻褄を合わせるために、無理な目標値を設定せざるを得なくなった状態が生まれているのではないでしょうか。
　サポートを行う金融機関担当者は創業者の話をよく聞き、創業への想いや事業の目的を明らかにしていかなければなりません。

05　ヒアリングの重要性と事業計画の策定

「はじめの一歩を踏み出そう～成功する人たちの起業術～（マイケル・E・

ガーバー著、世界文化社刊）」という書籍の中に次のような一説があります。

「起業熱にうなされている人たちは、必ずといってもよいほど誤った「仮定」を置いてしまうようだ。実は、後に彼らが苦難の道を歩むことになるのは、この「仮定」が致命的に間違っているからなのである。…致命的な仮定とは…"**事業の中心となる専門的な能力があれば、事業を経営する能力は十分に備わっている**"ということである。…事業の中で専門的な仕事をこなすことと、その能力を生かして事業を経営することは、全く別の問題である」（本文P.28より）

　この一説にもある通り、「事業を行うこと」と「経営すること」は大きく違います。経験ある分野で創業を志すことは「強み」にはなりますが、それだけで経営がうまくいくとは限りません。

　創業への想いや事業の目的をよくヒアリングし、実効性ある事業計画を策定していかなければサポートとはいえません。

> **創業サポートにおけるポイント⑰**
> 　創業支援を開始する際は、相談者の話をよく聞き、創業への想い、事業の目的などを明らかにしていきましょう！
> 　その上で、実効性ある事業計画書を策定する支援を行っていきましょう！

第9節
地域金融機関と創業サポート

　事例で紹介した創業者は、地域に根差した経営を実践し、地域の活性化や地域に住む人たちの役に立つことを目標に活動しています。このような方々を応援し、サポートを行っていくことこそ、地域金融機関の使命です。

01　金融機関の取組み

　2014年12月27日に閣議決定された「まち・ひと・しごと創生総合戦略」を受けて、経済産業省では地域の企業・自治体の仕事づくりを支援するため5つの主要なテーマを上げ、支援策を発表しました。その5つのテーマの1つに「地域を活性化する新たなビジネスの創出」を掲げています。このことは国をあげて地域の創業を後押しする意思表示であることが読み取れます。

　支援策も「創業・第二創業促進補助金」や「地方創生交付金」を準備し、創業しやすい環境を整備しています。

　このような環境や背景もあり、私たち金融機関担当者は地域の創業に対して、本気で取り組んでいかなければなりません。

　事例で紹介した創業者は、地域に根差した経営を実践し、地域の活性化や地域に住む人たちの役に立つことを目標に活動しています。最新鋭の大

型設備導入や最先端テクノロジーを駆使するような大きなビジネスではなく、スモールビジネスではありますが、ニッチな分野に焦点をあて、これまでにないサービスとして、地域やそのサービスを必要とされる方に満足を提供しようと懸命に努力しています。

　言い換えれば、「地域や社会の課題解決型創業」です。

　このような方々を応援し、サポートを行っていくことこそ、金融機関担当者の使命ではないでしょうか。

　事業の安定に向けてサポートを行い、将来的にはメインバンクとしてご利用いただく、そんな取引関係が理想です。

　当金庫もそうでしたが、これまで金融機関は創業相談の際には、まず自行庫との取引を促進し、次に融資利用を推進するといった活動を行っていました。そのため創業計画書は融資のための付属資料としての意味合いが強く、損益予測や収支も融資利用を念頭においたものになっていました。

　このようなことから利益計画に偏重した内容の計画書となってしまい、その状況で事業が開始され、計画値と実際の経営活動に乖離が生じる、ということが起こっていました。この状況では次回の融資は受けづらく、悪循環に陥っていたことがあります。

　事業計画書（創業計画書）は創業者にとって、自身の思考を整理し、当初の想いを実現に向かわせるための設計図ともいえるものであり、事業活動を開始する上での取扱い説明書ともなり得るものです。

　この重要な計画策定に携わり、的確な助言などを行っていくことこそが、金融機関の創業サポートの理想ではないかと認識しています。

　地方創生戦略が進展する近年にあっては、このような活動は本部の専門部署だけが行うのではなく、全店をあげて全行職員が取り組むべきものです。今後は、創業サポートを特別な活動として捉えるのではなく、通常の業務に取り入れて実施していくことが、金融機関に求められるでしょう。そのためには、しっかりと、行職員のスキルアップ、すなわち人材育成を

図っていかなければいけません。

当金庫においても昨年からやる気のある若手・中堅の職員向けに、土曜講座を開催しています。テーマは、「マーケティング」「ビジネスフレームワーク」「生産管理」「財務改善」「新規事業開発」などで、ケース学習により、毎回ディスカッションを中心に学習します。また、最終回には参加職員による「ビジネスアイデアコンテスト」を実施しました。バーチャル体験ではありますが、創業者の気持ちを多少なりとも感じられる経験となっています。

これらの取組みを通じて、地域の創業者へのサポートを1つでも多く実践していければと考えています。

02　創業支援の本質

創業者に接して改めて感じたことは、融資を実行することは手段であり、創業サポートの本質ではないということです。創業者の方と"二人三脚"で事業の安定に向け一緒に活動していくことがサポートの本質です。

これまで金融機関は、お客さまの相談事に対して、真摯に"向き合う"ことを理想としていました。しかし、創業サポートにおいては、"寄り添う"ことが重要です。創業者と同じ視線で、目標に向かって活動していく、それが理想形でもあります。

「どのようなときも創業者の隣にいる」地域金融機関に求められる創業サポートとは、このようなスタイルであるべきです。

創業サポートにおいて各金融機関において理想のスタイルを追求し、創業者に"寄り添う"活動を続けていくよう、努力しましょう。

【執筆者紹介】

大西 俊太（おおにし しゅんた）（第3章を担当）
株式会社ベンチャーパートナーズ 代表取締役 中小企業診断士（1989年登録）
1982年一橋大学卒業後、同年三井銀行（現三井住友銀行）入行。
営業店、審査部、ベンチャーキャピタル、事業会社勤務を経て、2009年独立。
中小・ベンチャー企業の創業、資金調達、IPO支援に従事。現在に至る。

小林 弘尚（こばやし ひろなお）（第2章を担当）
東京都民銀行 営業統括部 部長代理
1993年明治大学卒業後、同年入行。
営業店を経て営業統括部に所属。各種個人ローン商品企画・推進を中心に、法個人営業担当者の実務研修や外部機関などのセミナーなどを実施。金融機関向け教材などの執筆など幅広い営業支援に従事。現在に至る。

志村 幸輝（しむら ゆきてる）（第4章を担当）
巣鴨信用金庫 すがも事業創造センター 副部長 中小企業診断士（2002年登録）
1986年日本大学卒業、同年入庫。
営業店4店舗、本部FPを経て融資部に所属。2005年南平支店長、2008年東武練馬支店長、2011年練馬支店長、2013年業務部ビジネスサービスデスク、2014年すがも事業創造センター勤務。現在に至る。

保﨑 真寛（ほさき まさひろ）（第1章を担当）
中国銀行 営業統括部 地域開発ターム調査役
2001年広島大学卒業後、同年入行。
営業店、融資部を経て営業統括部地域開発チームに所属。地元自治体の地方版総合戦略の遂行への支援や、創業支援、大学や外部専門機関などとの連携を担当。現在に至る。

※記載順序は50音順。
※いずれも執筆当時。

渉外担当者のための　創業支援がよくわかる本

2016年9月30日　初版第1刷発行	編　　者	経済法令研究会
	発行者	金　子　幸　司
	発行所	㈱経済法令研究会

〒162-8421　東京都新宿区市谷本村町3-21
電話　代表 03(3267)4811　制作 03(3267)4823

営業所／東京03(3267)4812　大阪06(6261)2911　名古屋052(332)3511　福岡092(411)0805

イラスト／まつくらくみこ　カバーデザイン／有限会社ねころのーむ(高久真澄)
制作／中村桃香　印刷／㈱日本制作センター

© Keizai-hourei kenkyukai 2016　Printed in Japan　　ISBN 978-4-7668-3315-7

"経済法令グループメールマガジン"配信ご登録のお勧め
当社グループが取り扱う書籍、通信講座、セミナー、検定試験情報等、皆様にお役立ていただける情報をお届け致します。下記ホームページのトップ画面からご登録いただけます。
☆　経済法令研究会　http://www.khk.co.jp/　☆

定価はカバーに表示してあります。無断複製・転用等を禁じます。落丁・乱丁本はお取替えします。